Sasha Dovzhyk (ed.)

Ukraine Lab

Global Security, Environment, and Disinformation Through the
Prism of Ukraine

With a foreword by Rory Finnin

Саша Довжик (ред.)

Українська лабораторія

Глобальна безпека, захист довкілля та дезінформація через призму
України

Передмова Рорі Фінніна

UKRAINIAN VOICES

Collected by Andreas Umland

The book series "Ukrainian Voices" publishes English- and German-language monographs, edited volumes, document collections, and anthologies of articles authored and composed by Ukrainian politicians, intellectuals, activists, officials, researchers, and diplomats. The series' aim is to introduce Western and other audiences to Ukrainian explorations, deliberations and interpretations of historic and current, domestic, and international affairs. The purpose of these books is to make non-Ukrainian readers familiar with how some prominent Ukrainians approach, view and assess their country's development and position in the world. The series was founded, and the volumes are collected by Andreas Umland, Dr. phil. (FU Berlin), Ph. D. (Cambridge), Associate Professor of Politics at the Kyiv-Mohyla Academy and an Analyst in the Stockholm Centre for Eastern European Studies at the Swedish Institute of International Affairs.

Sasha Dovzhyk (ed.)

UKRAINE LAB

Global Security, Environment, and Disinformation Through
the Prism of Ukraine

With a foreword by Rory Finnin

Саша Довжик (ред.)

УКРАЇНСЬКА ЛАБОРАТОРІЯ

Глобальна безпека, захист довкілля та дезінформація
через призму України

Передмова Рорі Фінніна

Bibliographic information published by the Deutsche Nationalbibliothek
Die Deutsche Nationalbibliothek lists this publication in the Deutsche Nationalbibliografie; detailed bibliographic data are available in the Internet at http://dnb.d-nb.de.

Bibliografische Information der Deutschen Nationalbibliothek
Die Deutsche Nationalbibliothek verzeichnet diese Publikation in der Deutschen Nationalbibliografie; detaillierte bibliografische Daten sind im Internet über http://dnb.d-nb.de abrufbar.

ISBN-13: 978-3-8382-1805-2
© *ibidem*-Verlag, Stuttgart 2023

Printed in the United States of America

Ukraine Lab:

Global Security, Environment, and Disinformation Through the Prism of Ukraine

Edited by Sasha Dovzhik

With a foreword by Rory Finnin

Contents

Contributors

Sofia Cheliak is a TV host, cultural manager, translator from Czech, and a member of PEN Ukraine. Since 2016, she has been a Program Director of Lviv BookForum. In 2022, she started work at the Ukrainian Book Institute, as the curator of Ukraine's national stands at International Book Fairs. Since 2020, she has been working for Ukraine Public Broadcasting Company. Cheliak is the author of three collections of poetry in translation: Václav Hrabie's, Jana Orlova's, and Petr Chikhon's.

Mstyslav Chernov is a Ukrainian videographer, photographer, filmmaker, war correspondent, and novelist known for his coverage of the Revolution of Dignity, war in eastern Ukraine, including the downing of flight MH17, Syrian civil war, Battle of Mosul in Iraq, the 2022 Russian invasion of Ukraine, including the Siege of Mariupol. His video materials from Mariupol became the basis of the film *20 Days in Mariupol*, which was included in the competition program of the Sundance festival in 2023. Chernov is an Associated Press journalist and the President of the Ukrainian Association of Professional Photographers (UAPF). Chernov's materials have been published and aired by multiple news outlets worldwide, including CNN, BBC, *The New York Times*, *The Washington Post*, and others. He has both won and been a finalist for prestigious awards, including the Livingston Award, Rory Peck Award, Reporters Without Borders Press Freedom Prize, and various Royal Television Society awards. Chernov has been wounded several times while covering the war. He has been a member of PEN Ukraine since July 2022.

Sasha Dovzhyk completed her PhD in Comparative Literature at Birkbeck, University of London. Since 2021, she is the Special Projects Curator at the Ukrainian Institute London. In 2022–2023, she has also been appointed an Associate Lecturer in Ukrainian Literature at the School of Slavonic and East-European Studies, UCL. Her previous books include *Decadent Writings of Aubrey Beardsley* (edited with Simon Wilson, MHRA, 2022) and *Ukrainian Cassandra: New Translations of Works by Lesia Ukrainka* (Live Canon, 2023). Her articles and chapters have been published in, among other outlets, *Modernist Cultures, British Art Studies,* and *Oxford Handbook of Decadence.* She has also written for *CNN Opinion, The Guardian, New Lines Mag, Los Angeles Review of Books,* and *The Ecologist.*

Rory Finnin is University Associate Professor of Ukrainian Studies at the University of Cambridge. He launched Cambridge Ukrainian Studies in 2008. His primary research interest is the interplay of literature and national identity in Ukraine. He also studies Turkish nationalist literature and Crimean Tatar literature. His broader interests include solidarity studies, nationalism theory, human rights discourse, and problems of cultural memory in the region of the Black Sea. He is author of *Blood of Others: Stalin's Crimean Atrocity and the Poetics of Solidarity* (University of Toronto Press, 2022) and co-author, with Alexander Etkind, Uillieam Blacker, Julie Fedor, Simon Lewis, Maria Mälksoo and Matilda Mroz, of *Remembering Katyn* (Polity Press, 2012).

Olesya Khromeychuk is a historian and writer. She received her PhD in History from University College London. She has taught the history of East-Central Europe at the University of Cambridge, University College London, the University of East Anglia, and King's College London. She is author of *A Loss. The Story of a Dead Soldier Told by His Sister* (Stuttgart: ibidem, 2021) and *'Undetermined' Ukrainians. Post-War Narratives of the Waffen SS 'Galicia' Division* (Peter Lang, 2013). She is currently the Director of the Ukrainian Institute London.

Kateryna Iakovlenko is a Ukrainian visual culture researcher, writer, and curator focusing on art and culture during sociopolitical transformation and war. Currently, she is Cultural Editor-in-Chief of Suspilne.media (Kyiv) and a visiting scholar at the UCL School of Slavonic and East European Studies (2022–2023). Among her publications is the book *Why There Are Great Women Artists in Ukrainian Art* (2019) and *Euphoria and Fatigue: Ukrainian Art and Society after 2014* (special issue of *Obieg* magazine, co-edited with Tatiana Kochubinska, 2019).

Olena Kozar is a Kyiv-based journalist. Her articles have been published in *Bird in Flight, It's Nice That, Kunsht, Post Impreza,* and *Telegraf.Design.*

Kris Michalowicz won the Creative Future Bronze Prize for Fiction in 2019. In 2022, he was a writing resident with the Ukrainian Institute London. His work has been published in *Ukrainskyi Tyzhden* and the *Mechanics' Institute Review*.

Nina Murray is a translator, poet, and writer. She holds advanced degrees in Linguistics and Creative Writing. She is the author of the poetry collection *Alcestis in the Underworld* (Circling Rivers Press, 2019) and several chapbooks. Her award-winning translations include Oksana Zabuzhko's *Museum of Abandoned Secrets*, Oksana Lutsyshyna's *Ivan and Phoebe*, and Lesia Ukrainka's *Cassandra*.

Phoebe Page studied Ukrainian literature and culture at the University of Cambridge as part of her BA in Modern Languages. She recently participated in the Ukrainian Institute London's writing residency Ukraine Lab, which tackled global themes through the prism of Ukraine. Phoebe is currently a Master's student in Political Sociology at UCL's School of Slavonic and Eastern European Studies, focusing on Ukraine. She is interested in security and the role of culture and soft power in the context not only of malign influence but also as counter offensive and resistance to hybrid aggression.

Jonathon Turnbull completed his BA and MSc degrees in Geography at the University of Oxford. Since 2018, he has been a PhD candidate in Geography at the University of Cambridge funded by the ESRC. Previously, he held visiting research positions at the National University of Kyiv-Mohyla Academy in Kyiv and Wageningen University in the Netherlands. Turnbull is a founding member of the Digital Ecologies research group and the Ukrainian Environmental Humanities Network. He is co-editor of *Digital Ecologies: Mediating More-Than-Human Worlds* which is forthcoming with Manchester University Press. His articles have been published in scholarly journals and other outlets including *Progress in Human Geography*, *Progress in Environmental Geography*, *Transactions of the Institute of British Geographers*, *Dialogues in Human Geography*, *The Geographical Journal*, *cultural geographies*, *Cultural Anthropology*, *Anthropology Today*, *ACME*, *The Ecologist*, and more.

List of images

Acknowledgements

The essays in this collection emerged from the online literary residency Ukraine Lab held in the summer of 2022. It was run by the Ukrainian Institute London in partnership with PEN Ukraine and the Ukrainian Institute (Kyiv) as part of the UK/UA Season of Culture, funded by the British Council. As the residency's curator, I am grateful to the dedicated team of Ukraine Lab workshop leaders to whom the collected texts owe much of their creative power and depth: Olesya Khromeychuk, Tamara Hundorova, Peter Pomerantsev, Iryna Shuvalova, Katie McElvanney, David Savill, Khobir Wiseman-Goldstein, and Julia Bell. The bilingual aspect of both the residency and this collection was realised thanks to the brilliant translator Nina Murray. I thank dedicated proofreaders Catherine and Aidan Jaskowiak, Maria Shuvalova, and Mariana Matveichuk for their precious time and attention to detail. I also owe a debt of gratitude to the British Library and Becky Rowlatt for hosting the online launch of the project and keeping the record for history.

Foreword

Rory Finnin

In early May 2022, a russian missile tore into an eighteenth-century estate nestled among groves and birdsong in a village in eastern Ukraine. The premises housed a small library and museum dedicated to Ukraine's legendary philosopher Hryhorii Skovoroda (1722–1794). It was a deliberate, targeted strike. The walls collapsed; fire quickly consumed the premises. Miraculously no one was killed.

Photographs of the destruction circulated online the next morning, just more evidence of russia's genocidal war against the people of Ukraine[1] and their identity and culture. But there was also something standing astride the tragedy in these images, something moving and inspirational. Amid the dense smoke and charred concrete, one thing was clearly visible: the large statue of the philosopher Skovoroda himself, singed but unbowed.

The symbolism is simple and striking, and its message is at the heart of this book. Out of the horror of a brutal, unprovoked invasion can come defiant knowledge. From the fog of war, philosophy can still emerge. For Skovoroda, who never stood still, forces of ignorance and aggression would ultimately surrender to those who pursued a radical commitment to dialogue and solidarity. 'Untruth may attack and oppress', he wrote, 'but the will to fight it is stronger'.

Ukraine Lab practises this dialogue and solidarity; it undertakes this fight. The essays collected here and edited by Sasha Dovzhyk are the product of ground-breaking workshops and conversations between six emerging writers in Ukraine and the United Kingdom about loss, trauma, and the possibility of truth in a world out of joint. The photographs of Mstyslav Chernov talk back to each

---

1   Since Russia's full-scale invasion, many Ukrainians and Ukrainian allies have refused to capitalise the name of the aggressor state and its institutions. Ukraine Lab pieces use lower or upper case for 'Russia' in accordance with each author's preference.

essay, gesturing to the limits of documentation and representation in wartime.

In the wake of the Chornobyl catastrophe, the poet Ivan Drach (1936–2018) wrote, 'I envy those who have words. I have none… Silence weighs heavily on the soul, but language is dull and arbitrary'. Each essay overcomes Drach's paradox by putting to work a precious, hard-won skill: listening. Nina Murray's translations into both English and Ukrainian are paragons of the practice. From the voices of indefatigable volunteers to the stirrings of verdant thickets, the writers and translators of *Ukraine Lab* listen closely and call on us to do the same.

What we hear is an urgent invitation: not only to learn about Ukraine but to learn *from* Ukraine. As Dovzhyk explains, these essays position Ukraine as a 'prism' through which to understand global problems anew: disinformation, the persistence of empire, the rampant abuse of our environment. In offering us access to a vibrant civil society committed to dialogue, solidarity, and truth, they also position Ukraine as a prism through which to envision solutions.

One weapon of russia's war against Ukraine has been our ignorance. One of the targets is still our knowledge. The volume you hold in your hands is a barricade. Let it also be a vector of our counter-offensive.

Ukraine Lab
Lessons from the Frontlines
Sasha Dovzhyk

Ukraine has been often called a laboratory when it comes to global challenges in the spheres of environment, information, and security. The site of the worst nuclear catastrophe in history, the primary target of the Kremlin's troll farms and disinformation campaigns, the country to spark the collapse of the Soviet Union and to stand up to its neo-imperialist successor: Ukraine has been the first to face and, at times, set in motion processes that have worldwide consequences. Outside of Ukraine, this fact has become undeniable after Russia's full-scale invasion on 24 February 2022. From resorting to nuclear blackmail to weaponising food and energy, Russia's war has never been just against Ukraine although it is Ukraine that bears its most brutal and immediate cost.

Russia's all-out attack became a wake-up call for the international community. The world was first shocked by the sheer brutality of the invasion, then by its own ignorance about the country invaded. It turned out Ukrainians were not ready to surrender to the seemingly superior military power: neither in 72 hours, as was predicted by many western intelligence agencies, nor after many months of the full-scale war. It turned out Ukrainians were defiant. It turned out their defiance had a history of which the world knew little. It turned out the outsiders' perceptions of Ukraine were largely shaped by Russia's imperialist narratives. So were the outsiders' perceptions of Russia, the country's supposed military strength, and the professed humanism of its culture. It turned out the Russocentric stories that captivated the attention of the world had little to offer when it came to understanding Ukrainian resistance.

Today, 'glorifying Ukrainian resilience without understanding its roots is another form of misunderstanding the country and its people', points out the writer and historian Olesya Khromey-

chuk. 'The root of that resilience is the intolerance of imperialist op-
pression, both historic and recent'.[1] The centuries-long experience
of repelling Russia's deadly brotherly embrace has turned Ukraine
into a treasure trove of resistance strategies, and the urgency of
learning from them has today become existential for the rest of the
world.

For the eight years that Russia has waged its undeclared war
against Ukraine, the international community has been appeasing
the aggressor while fearing a nuclear strike. For those eight years,
Ukrainians have been warning the world about a different kind of
nuclear threat: six of the country's fifteen nuclear reactors, situated
dangerously close to the frontline in the south-eastern region of Za-
porizhzhia. The world finally discovered that region in March,
when the Russian military shelled and then occupied the Za-
porizhzhia Nuclear Power Plant (ZNPP), the largest one in Europe.
For the first time in human history, Russia brought war to the site
of civilian nuclear infrastructure, storing weapons in the machine
halls of the plant and using physical violence and other forms of
coercion against its staff. The list of personnel tortured by the occu-
piers runs into dozens of names, from the diver Andrii Honcharuk
who was beaten to death in July to the head of ZNPP Ihor Mu-
rashov, who was kidnapped in October and, thanks to unprece-
dented international pressure, expelled to Ukraine-controlled terri-
tory soon after. The plant is operating under frequent Russian
shelling, with constant disruptions to the supply of water and elec-
tricity. Radioactive plumes are notorious for disregarding country
borders: if an accident were to take place at the militarised nuclear
power plant, the aftermath would not be contained within the ter-
ritory of Ukraine.

Targeting the environment has become one of Russia's chosen
means of war. In winter 2022, the invasion of Ukraine from Belarus
involved Russian troops marching through the Chornobyl Exclu-
sion Zone. Their digging of trenches in the Red Forest, one of the
world's most dangerous burials of nuclear waste, has revealed their

1   Olesya Khromeychuk, 'Where is Ukraine?', *RSA Journal* 2:2022, pp. 26–31 (p. 31).

lack of schooling on basic radioactive hazards and on basic facts of late-Soviet history. By contrast, the tragedy of Chornobyl is a topos of collective memory in Ukraine, where even state independence bears a nuclear birthmark. In 1986, the Kremlin's cover-up of the disaster became a powerful cause that enabled Ukrainian environmentalists and dissidents to mobilise Ukrainian society and shake the foundations of Soviet rule. Five years after the catastrophe, Ukrainians voted themselves out of the Soviet Union. For Russians, the lack of environmental awareness goes hand-in-hand with the country-wide amnesia concerning the genealogy of the Russian imperialist project.

In spring and summer 2022, Russia's military campaign involved setting fire to those Ukrainian fields that captured the imagination of dictators in the twentieth century: of Stalin who starved Ukrainians in the Holodomor of the 1930s by confiscating their agricultural produce, and of Hitler who fought for the control of the rich Ukrainian earth. With around 25% of the world's reserves of high-yielding black soil concentrated in Ukraine, the country has been a major contributor to global food security since gaining independence in 1991. Russia's war has damaged not only the crops Ukraine normally exports to the African continent and the Middle East but also the complex ecosystems of the Ukrainian steppes, which might take years to restore. Satellite images reveal the ulcers of bomb craters scarring the fields in eastern and southern Ukraine where the heavy fighting continues. What used to be the continent's most fertile soil is now heavily mined and contaminated with toxins from missiles. The invasion created the biggest minefield in the world, its territory of 250,000 square kilometres larger than the entirety of the UK.

In autumn 2022, the escalation of Russia's nuclear blackmail went hand-in-hand with the shelling and mining of dams and hydroelectric power stations which threatened Ukraine with catastrophic flooding. More industrial sites, more waste facilities, more oil depots were targeted and destroyed, releasing pollutants and poisoning Ukrainian water, air, and soil.

Russian crimes against the environment in Ukraine closely follow an independent expert panel's proposal in 2021 to adopt a new, fifth crime into the Rome Statute of the International Criminal Court: the crime of ecocide defined as 'unlawful or wanton acts committed with knowledge that there is a substantial likelihood of severe and either widespread or long-term damage to the environment being caused by those acts'.[2] In the twentieth century, two of the core international crimes were introduced to the legal lexicon by lawyers who studied at Jan Kazimierz University in what is today Lviv, the westernmost stronghold of Ukraine. Both lost their families in the Holocaust and played significant roles in the Nuremberg trials. The lawyers are Hersch Lauterpacht, who developed the concept of crimes against humanity, and Raphael Lemkin, who put forward the concept of genocide. Today, Ukrainian experience is likely to instigate a definitive change to the unregulated area of international criminal law, compelling us, in the words of the expert panel's leader Philippe Sands, to 'think beyond the human' in the sphere of legal rights.[3]

Defined by the Chornobyl disaster, Ukrainian environmental history changed the way people of the 'atomic era', with its intangible and invisible dangers, related to reality itself. In the words of the scholar Tamara Hundorova, the 'Chornobyl tragedy sharpened perceptions of virtual dimensions', ruining our reliance on human senses such as smell and sight, let alone our belief in objectivity and facts.[4] This millennial nuclear consciousness provided a fertile ground for the blossoming of 'post-truth' receptivity in the 2010s.

During the past decade, the international community has been shaken by Russia's use of information as a weapon. From the run-up to the US presidential elections in 2016 to the global pandemic response in 2020, the bombardment of the public with messages that sabotage the very concept of truth has affected transnational politics. However, it was in Ukraine in 2014 that the Kremlin tried

---

2   'Legal definition of ecocide', Stop Ecocide, https://www.stopecocide.earth/legal-definition.

3   'Philippe Sands on international law, and its future', Thinking in Dark Times (episode 3), 31 October 2022, https://ukraineworld.org/podcasts/ep-154.

4   Tamara Hundorova, *The Post-Chornobyl Library: Ukrainian Postmodernism of the 1990s*, trans. by Sergiy Yakovlenko (Boston: Academic Studies Press, 2019), p. 30.

out this tactic of hybrid warfare when it broadcasted a multitude of falsehoods about the country it invaded in order to undermine the international response. From antisemitism-fueled fantasies about Ukrainians crucifying Russian children to painting the forces of Ukrainian resistance as Nazi sympathisers, the Russian troll army contrived wild plots that would appeal to the right, left, and centre of the political spectrum. In the process, they muddied the information space so that trying to make sense of it would appear unhygienic to a passerby. As Peter Pomerantsev puts it in *This Is Not Propaganda*, 'With the idea of objectivity discredited, the grounds on which one could argue against them rationally disappears'.[5] This compromised sense of factuality was among the factors that allowed the Kremlin to succeed in 2014: the biggest land grab in Europe since the Second World War was construed as too complex a problem to grasp. Turning a blind eye and appeasing the aggressor paved the way for the full-scale invasion of Ukraine eight years later.

Today, the Kremlin's disinformation campaigns attempt to shift responsibility for the cost-of-living crisis, soaring energy prices, and food insecurity from Russia to Ukraine, and to corrode global resolve behind bringing the aggressor to justice. Having launched an openly imperialist war, Russia is using anti-colonial rhetoric to undermine international solidarity yet again. As we are settling into a period of Russia-generated economic crisis, the value of Ukrainian experience in countering the Kremlin's information warfare can no longer be dismissed. It is time to give our full attention to the Ukrainian side of the story.

The essays in this collection explore global challenges in the areas of environment, information, and security through the prism of Ukraine. They result from the online writing residency Ukraine Lab which took place in the summer of 2022 and united six emerging writers from Ukraine and the UK. For six weeks, they worked in three thematic pairs on creative nonfiction pieces which foregrounded Ukrainian experiences through the art of storytelling.

---

5   Peter Pomerantsev, *This Is Not Propaganda: Adventures in the War against Reality* (London, Faber & Faber, 2019), p. 123.

The award-winning Ukrainian photographer Mstyslav Chernov interpreted them visually. His powerful images were brought from the ground zero of Russia's full-scale invasion and developed in response to the essays of the Ukraine Lab authors.

Describing the first days of the full-scale invasion, Sofia Cheliak's 'Ukrainian Lottery' takes a look at those surprising Ukrainians who reject the ready-made model of victimhood and resist the enemy with a sense of humour and purpose. Kris Michalowicz's moving essay 'Luhansk, Stolen' reminds us that Russia's war of aggression did not start on 24 February 2022 but has been raging on for eight years. Kateryna Iakovlenko's 'Black, White, and Colourless' tells the story of the war-ravaged industrial region in the east of the country through the elements that shaped it: coal, salt, and gas. Jonathon Turnbull's 'The Kyiv Thickets' drifts through the wild and weird green spaces in Ukraine's capital that are often overlooked and yet are brimming with political potential. Set in an underground garage and at the receiving end of life-changing news during the battle for Kyiv, Olena Kozar's essay 'How Do You Know?' is a poignant reflection on the effects of information overflow. Phoebe Page's piece 'On Which Side?' exposes how our attention and emotions are manipulated while calling on western audiences to discern Ukrainian voices amidst the noise of Russian propaganda.

Opening the collection, 'Theatre of War' by Olesya Khromeychuk poses poignant questions about our consumption of violent and traumatic narratives from the country fighting for its right to exist. Her conclusion provides those invaluable lessons Ukrainians are in the position to share with the world: 'first, when narrating war, I must do so with the aim of bringing about change. This includes victory for Ukraine, a lasting peace and justice. Second, when consuming war narratives, I must embrace my role as a witness with a sense of responsibility for what I have witnessed, and channel this in order to bring about change'.

The readers and writers of this volume share the privilege and the misfortune of inhabiting a consequential moment in history. Ukraine is involved in a battle for survival, but not only of the Ukrainian people, but of the future of democracy worldwide. Will a democracy prevail over a tyranny which is enhanced with a nuclear button and seeks the democracy's annihilation? Notwithstanding other important contributions to the cause of Ukrainian victory, or lack thereof, we are all bearing witness to this fight. The responsibility is ours.

Theatre of War[1]

Olesya Khromeychuk

'This photo contains sensitive content which some people may find offensive or disturbing'. A phrase I see often when I scroll through my social media feed these days. The photo is blurred, and a drawing of a crossed-out eye appears in its stead. I am being protected by a social media platform from seeing images of war.

Five years ago, on a different platform, I saw a close-up of my eldest brother Volodya. He had volunteered to serve in the Ukrainian Armed Forces and was killed on the frontline. No blurring, no drawing of a crossed-out eye. Instead, it was my brother's face that was crossed out, a crudely drawn red cross scrawled across the image. It was both offensive and disturbing. If it had been blurred, would I have tapped to see the image anyway? I suspect so. The caption mentioned my brother's full name and then, in Russian, it stated that the 'Ukrainian executioner' had been exterminated on such and such day, followed by the date of my brother's death in action in the Luhansk region.

I took a screenshot of the post for some reason. Perhaps I was guided by my historian's training, which taught me that everything must be preserved as part of the historical record, no matter how disturbing or offensive. As well as being saved on the hard drive of my computer, the image of my brother's face — crossed out in red — is permanently etched in my mind.

In my academic work, I specialise in the history of the Second World War. Over the last decade, I have collected many testimonies of active participants, survivors and victims of hostilities, and analysed archival documents related to that war. The language of political violence was familiar to me and the stories of war I consumed often left me moved or disturbed, but, mostly, I treated them as research material. In 2014, however, my world was shaken by a new war in my own country. A few years later, my brother was killed in

---

1 This essay was originally published under the title 'Putin's regime is banking on western Ukraine fatigue' in *Prospect Magazine* on 17 September 2022.

this war. I was no longer consuming other people's wars. The war was now consuming me.

Now it was my family's story that could offer a human touch to the maps of battlefields. It was my brother's death that could give depth to otherwise impersonal numbers of casualties.

It started with the obituaries. Their very existence was hard to take in. I come from an ordinary family with no claim to fame. None of us would expect an obituary in a newspaper. As we were getting ready for my brother's funeral in Ukraine—my family and I had been living in the UK for two decades, and arrived in my hometown, Lviv, from London—I started to encounter one obituary after another in local and national papers. Many were shared on social media. Those who knew that Volodya was my brother had me tagged in their posts. I read them one after another and soon realised that there was a pattern to them: they had a similar structure.

They all started with the general information—name, age, and the basic facts about army service—followed by details of his death in action. And then there was a line about how much he loved his hometown, Lviv, which created a good bridge for the next section: the fact that he had come back to Ukraine, after living abroad for many years. The next paragraph described this 'heroic' return from the comfort of western Europe in order to defend his homeland.

I do not know whether this 'heroic return' was a deliberate choice, or whether whoever wrote the obituary simply filled in the gaps in the scraps of my brother's life that they had access to. The truth was that my brother did not come back to enlist. He had come back several years earlier: he was tired of being an immigrant and chose a hard life at home over a hard life abroad. These obituaries might have created a picture of a heroic war loss, but they were not soothing my grief.

After the obituaries, news articles about my brother's death started to come in. They covered the funeral complete with photos of an open coffin and my family standing by it. I managed to avoid journalists who asked for an interview by the graveside. My mother gave in to some of them and so the reports quoted her heartache. Our grief too was a news story.

Becoming part of the war narrative was disorienting for some-
one who was used to writing it. So, at some point, I decided to take
ownership of my story of war and shape it the way I saw fit.
Ukraine fatigue descended soon after the start of Russian aggres-
sion in 2014. By the time of my brother's death in 2017, the war in
eastern Ukraine was entirely forgotten in western Europe and I
thought that my personal take on it could serve as a reminder that
people were still being killed, tortured, and displaced on the other
side of Europe.

I started by writing a documentary play. For me, the theatre
has always been a powerful way of communicating challenging in-
formation. Documentary theatre is particularly effective in this re-
gard, as it has the power to turn audiences into witnesses, even if
what it portrays is a rerun of someone's experience and not the real
thing.

Referring to photographs depicting war in her *Regarding the
Pain of Others*, Susan Sontag says that they 'are a means of making
"real" (or "more real") matters that the privileged and the merely
safe might prefer to ignore'. The same could be said about docu-
mentary theatre. It can transform the viewers into a community of
people that, to put it in Sontag's words, 'would include not just the
sympathizers of a smallish nation or a stateless people fighting for
its life, but—a far larger constituency—those only nominally con-
cerned about some nasty war taking place in another country'.[2]
Like the photographs for Sontag, the documents presented as part
of a theatre show can facilitate the act of witnessing.

When writing my play, I wondered what exactly I wanted my
audiences to witness. I equipped myself with a story—that of my
brother—and some documents, including the videos from his
phone that he took in the warzone. Piecing together the traces of
my brother's life through objects and stories, I called the show *All
That Remains*. Keeping the house lights up to acknowledge the au-
dience's presence, the actors passed some of these artefacts around:

---

2   Susan Sontag, 'Regarding the Pain of Others', *The New York Times*, 23 March
     2003, https://www.nytimes.com/2003/03/23/books/chapters/regarding-the
     -pain-of-others.html.

the brief handwritten autobiography that my brother submitted to the military commissariat, drawings by school children made for soldiers, and other paperwork I found among his belongings. In this way, we created a physical point of contact between the world of theatre and that of war. We facilitated a space in which the audiences were able to witness how a war in a forgotten part of Europe could profoundly change a family's life in peaceful London, far away from the trenches. Our audiences entered the warzone in the safety of a theatre, but the proximity to the war created by art, we hoped, left them less able to flick the channel next time the news story from the actual warzone popped up on their screens.

Writing and performing this theatre piece restored my ownership of my own war narrative. I managed to find a way of being both a character, a supporting actor to my brother's lead part, and a narrator at the same time. I still had moments of doubt about the right I had to see my brother's story as a tool for raising awareness of the war. But it turned out to be an effective tool, so I continued to use it, and eventually the play transformed into a non-fiction book: *The Death of a Soldier Told by His Sister*. This was my way of de-blurring the picture on west Europeans' screens depicting Ukraine. Of saying: you must tap here to view the content, keeping it blurred will not make this war go away.

The war didn't go away. On 24 February 2022, the world of over 40 million Ukrainians shook just like mine had when I got the news of my brother's death. A few weeks before the full-scale invasion, I was approached by several British journalists to give my take on the situation. These conversations often started with them asking me whether I had someone in immediate danger: in the army, or in regions close to the Russian troops amassed around the Ukrainian border. The entire nation was in danger, of course, but the journalists wanted an identifiable story. I had already made peace with my brother being a narrative tool I could use to bring attention to the war, so I told them about his death back in 2017, emphasising that if Russia was not going to be stopped, there would be many more losses like his and many more families' lives destroyed.

After a few such conversations, I realised that this might have been a compelling narrative device for a play or a non-fiction book, but my brother's death was old news. The journalists were in pursuit of something or someone that could *make* news. Soon after, the Russian army ensured that there was plentiful material for all the journalists who wanted to report on the war. The entire nation had stories of death, displacement, torture, humiliation, fear, and, what often came as a surprise to those who looked for stories of victimhood, of defiance.

As the Russian shelling of cities and villages progressed, my social media feed turned into a list of obituaries: a mix of official heroicised narratives, much like my brother's, and reflections of broken-hearted friends and family. Some mourn soldiers, others civilians. They come in different forms but they each add to the record of this war. Those in mass graves do not get obituaries. How does one write a collective obituary? Many more are missing with no graves at all.

As much of this war is broadcast almost live — whether by the media or the public — the act of witnessing it far beyond the frontlines seems inevitable. But in spite of the omnipresence of the images of war, or, possibly because of it, our witnessing does not necessarily translate into the sharing of trauma and thus the responsibility to do what it takes to end the war. It does, however, translate into war fatigue. Those covering the war are all too aware of the need to keep their audiences engaged. But how do you report on a small village shelled by the Russians after the razing to the ground of the city of Mariupol? How do you talk of military losses after the mass graves of civilians in Irpin, Bucha, and Izium?

In her 'Close-up of Death', published by *Index on Censorship* in 1993, Slavenka Drakulić describes a news report about the death of a little girl in the shelling of Sarajevo. She gives a damning analysis of the report as an invitation to the audience by TV cameras 'to participate in their necrophiliac obsession with death and atrocity'. She questions the value in filming the tragedy of a family, all of it, including the body of a little girl, the father wearing a jumper stained with his daughter's blood, the mother ravaged by grief, the funeral, a little coffin, the shallow grave in the frozen ground. 'The only thing we have not witnessed is the moment of death of the two-and-a-half-year-old', says Drakulić. She questions the motivation of this reporting 'in the name of documentation'. Documentation that was meant to serve as a preventative tool for future atrocities but that has failed in this role time and again.

'[W]e have the idea that everything has to be carefully documented, so that shameful history can never be repeated', writes Drakulić. 'And yet, here they are. Generations have learned about concentration camps at school, about factories of death; generations whose parents swear that it could never happen again — at least not in Europe — precisely because of the living memory of the recent past. They are fighting this war. What, then, has all that documentation changed?' She explains that the change has happened to the audience. 'We have started to believe in our role in this casting: that it is possible to play the public. As if the war is theatre'.[3]

Three decades after this text was written, the questions posed by it remain valid. Like Drakulić, I believe that the sharing of the record of death and destruction brought about by war must have the aim of bringing about change at its heart: the aim to snap people out of inaction, to prevent war fatigue. But I disagree that the public is passive by definition, because passive spectators can be turned into active witnesses.

Earlier this year, Cannes, a place that has seen wars imagined and real played on a big screen many a time, witnessed a protest by a group of Ukrainian filmmakers. Dressed in evening gowns and dinner jackets, they made their way up the steps covered in red carpet, lined up, and lifted transparent cards depicting the crossed-out eye, the symbol familiar from social media platforms, to cover their faces. Two other protesters unfurled a banner that said: 'Russians kill Ukrainians. Do you find it offensive or disturbing to talk about this genocide?' It is up to us if we choose to see the blurred image in focus. If we choose to succumb to war fatigue or remain active witnesses. Regardless of how the war is narrated, it is up to us how we consume this narration.

---

3   Slavenka Draculic, 'Close-Up of Death', *Index of Censorship*, July 1993, p. 18 ht tps://doi.org/10.1080/03064229308535578.

I have tapped on every photo and video that has appeared blurred on my screen since 24 February 2022, to see the atrocities committed by the Russian troops in Ukraine. I did not always agree with the publication of such footage or images, but I looked at them to bear witness. Experiencing and explaining this war to myself and to others has taught me two lessons: first, when narrating war, I must do so with the aim of bringing about change. This includes victory for Ukraine, a lasting peace, and justice. Second, when consuming war narratives, I must embrace my role as a witness with a sense of responsibility for what I have witnessed, and channel this in order to bring about change.

Fatigue is a weapon of war. It is directed at those who do not need to run away from bombed-out buildings; it is directed at us so we do not even look at images of bombed-out buildings, and focus instead on how much it will cost us to heat our own homes, untouched by bombs. Our attention is drawn to the soaring prices in our supermarkets while Moscow uses the threat of hunger as another weapon of war. The aim of war fatigue is to make us seek ceasefire, not victory; concessions, not justice; to exit this war without ensuring lasting peace.

Let's not forget that the source of our own worries is the same as that of Ukrainians, and it's in the Kremlin. The key to winning this war together is maintaining solidarity with Ukrainians whose lives—not only livelihoods—are under threat, staying alert as witnesses of their suffering, and rejecting our war fatigue as Ukrainians continue to demonstrate their defiance.

Ukrainian Lottery[1]
Sofia Cheliak

Translated from Ukrainian by *Nina Murray*

War-time Lodgings

The small 900-square-foot apartment, built to accommodate one person, now housed five people: all had moved in here to free up their own homes to accommodate those who were forced to abandon theirs and flee into uncertainty. This was not an exception: divorced couples moved in together, long-estranged paramours did the same, relatives that had seen each other once before shared homes, and cats, dogs, and fish all got along just fine. People slept on mattresses, in sleeping bags, on a couch, three to a double bed. But that was nothing: Ira had taken reservations for the spots on the floor of her apartment.

Anna looks up from her Zoom meeting and gives me a hug that has become routine — the hug that says, 'I am so happy that you exist and you are here right now'.

Maksym gives me the same hug and says, 'Sofia, do a dance. We have a bottle of wine. Ira's friend from Poland, the reporter, brought it'.

I sit down in the red armchair under the window, light up a cigarette, and realise that things are almost as they have always been. We're about to have dinner, just like we used to, we can stop working for a bit, and perhaps, for the first time since it all began, speak in sentences longer than, 'I've got three families from Donetsk, and I can house two, can you find room for the third?' We will have some illegal wine.

---

1 This essay was originally published in *MIR Online* on 29 September 2022, http://mironline.org/ukraine_ukrainian_lottery/.

Please, Just Leave Us Alone

This was before the shortage of petrol, but after the ban on alcohol sales. Maksym picked me up from my office in his car an hour before curfew. He had heard that my guests from the East did not make it.

Maksym works in alternative education. Since the beginning of the full-scale invasion, he has been helping teachers and students set up learning in evacuation. He also takes humanitarian aid to the regions near the front. His car was shot at multiple times. It took him forever to find replacement glass, and for a while his very expensive vehicle sported a large hole taped over with cellotape. He has a deferment from military service, but he is getting himself ready to go to the front. A saint.

During those days, the highway from Kyiv to Lviv was one single traffic jam. The family with a small child who were supposed to stay with me for three days decided to spend the night in a hotel hallway. They were lucky there was room for them in the hallway. To be alone at the beginning of the war meant two things: one, that you had an apartment (which was good), and two, that you were putting yourself in danger (not so good). Alone, you might not hear the air-raid siren and die in a missile strike. Nothing had hit the city yet, but you were getting used to the idea that you were mortal. And that every day you were still alive was like winning a lottery: you got lucky.

The city would empty out about an hour ahead of curfew (at 22:00); during the day, it acquired the look of an impregnable bastion, ready to take the hit — sandbags and checkpoints everywhere. The boot of our car was like the mobile supply depot of a military unit. We had three bullet-proof vests, four helmets, pain-killers of various strength, chemical protection suits, tourniquets, Israeli bandages, a dozen first-aid kits, two boxes of canned food, three canisters of petrol, and a ton of various smaller bits and pieces. The following day, everything was supposed to go to Kharkiv. All this was pulled together in half-a-day, as soon as my friend heard folks were leaving the next morning. You could get *anything* necessary on the frontlines in the city in those days. Our city became the main sorting point for equipment and humanitarian aid that flowed into Ukraine, while Ukrainians all over Europe were raising money and buying up gear. In a few days, you would not find a single bullet-proof vest or tourniquet in Poland, and a week later Germany was similarly cleaned out.

In this manner, zig-zagging between checkpoints and wiring money to the military, we moved toward our Ukrainian dream: to be finally left alone, so we could just live our own lives in an independent country.

Feminism in Ukraine Has Won

'It is official: Feminism has won. The girls are saving the country, and we are making dinner', says my friend Andriy.

He works in IT, and the war caught him on a business trip abroad. On the morning of 24 February, the air space above Ukraine was closed and all flights cancelled. Andriy travelled thousands of miles to get back, and finally crossed the border on foot. Men are prohibited from leaving the country until the end of the war. Andriy knew this but could not fathom not coming back. As soon as he returned, he went to the enlistment office, but was turned away. 'Someone has to make money to buy the drones', they said. 'We'll call you if we need you'.

So: the three guys are making dinner while we are finishing work. Anna is negotiating with a group of international lawyers — we keep hearing the word 'tribunal' but politely ignore the conversation. Anna is a lawyer; one of the youngest to make partner at her firm. Before the war, she worked with business clients, but began taking on human rights cases in 2014. In most of these, she represented, usually pro bono, victims of political persecution, and she lobbied tirelessly for the release of the Kremlin's Ukrainian political prisoners. Since the beginning of the full-scale invasion, Anna began collecting evidence of war crimes — the evidence that will eventually help take russia to court for crimes against humanity and genocide.

Ira is on the phone all the time. 'Yes, we have a home for you in Kraków, Witek will pick you up at the border...there's a family waiting for you in Rzeszów, they are happy to put you up for three days, until we can arrange transport for you to Vienna or Prague, wherever you want…'. Before this invasion, Ira was an art curator: she organised exhibits of Ukrainian art in Europe and brought the work of European artists to Ukraine. Over years, she amassed a vast network of contacts all over the world, which was now very helpful in evacuating women, children, and the elderly away from the russian bombs and occupation.

I am prepping for my next broadcast. I call a young, successful, and intelligent writer to invite him to join a national marathon tomorrow: a shared broadcast by the country's biggest channels that would run for 24 hours. He holds a pause and then says, 'The intellectuals can all fuck off, I'm going to the front, I won't be here to talk', and laughs confidently.

I know it is himself and his previous life he is telling to fuck off. As he prepares to take up arms. I laugh hard back at him. Ira interrupts her flow of phone calls.

'It's so funny, I now talk to the air-raid sirens like I talk to my alarm clock. I make a deal and go back to sleep'.

'Got it. We'll wake you up'.

'Can't I just sleep?'

'We won't sleep, so you won't get to sleep either'.

'Either that, or we'll get hit, and that'll be the end of us. It's a lottery'.

An air-raid siren wails, and we go to the basement.

The Dreamers

The raid lasted just under an hour. We returned to the apartment. We are six: three girls and three guys. In our previous lives, we worked, went to Tinder dates, flew to Berlin for parties, and bought art. We were the generation who had no memory of the Soviet Union. We were practically children when we got involved in the Revolution of Dignity in 2013, when our nation's leadership did something unacceptable: used force against unarmed protesters. At the cost of those first lost lives and our collective grief, we won the right to determine our own destiny — until the russian regime interfered, annexing Crimea and invading Ukraine's East. It was around that time that we grew up.

With no experience but learning quickly, we became part of the Ukrainian Youthquake. We were into fashion and art, and spoke several languages. By age twenty, we had mastered wine pairings and gone to the world's most important art museums. In 2014, when the war began in our country, we realised we were mortal — and fell deeper in love with life. We had successful careers in creative industries that we built fairly, from the ground up, on merit and with faith in the future of our country.

And now our greatest joy is a chance to have dinner together. The guys started the water for the pasta, mixed up the sauce, and washed the vegetables for the salad (we are the bourgeoisie who eat fresh vegetables even during a war).

The dinner was ready. We poured out our one priceless bottle of wine. It came out to about six sips for each of us.

Miss Ukraine 2022

Andriy was still on the phone, and we decided to start eating without him. Most of us happened to remember we had not eaten for two or three days — and not because there was no food. On the contrary, a hoarder's instinct awoke in all of us, the genetic memory of previous wars and Holodomor, and ever since the first news of the possibility of a full-scale invasion started coming last autumn, we all put an extra can or two into our shopping carts on each trip. We did not eat because our bodies pumped out so much adrenaline they could only function on coffee and cigarettes. The only time you remembered about food was when someone put a cooked meal right in front of you.

Ira spoke first.

'You know, I got out of the bath this morning and saw myself in the mirror for the first time since it started. I mean, I had looked before, but just to make sure I didn't have toothpaste all over my face. This time, I actually looked at myself. I'm all ribs'.

'Don't catastrophise things. After we win, ours will be the land of the models, the way they looked in the 90s — "heroin", pardon me, "war-time" chic. We've got our very own time machine here'.

'Listen, I never believed it when women in the movies about the Second World War had these nice tidy hair-dos, and wore dresses, and red lipstick — but look at Sofia now: full make-up and perfect hair. It's like there's no war', Maksym teases me.

I realise I have not washed my face after the broadcast, so I look like I'm dolled up for a party. When I became a broadcaster, I hated that slick hair, the heels, the make-up. Now I feel like I'm one of about ten women left in the city who wear make-up. I usually wash my face and pull my hair into a bun before I leave the office: I feel very embarrassed to walk down the streets with my face all painted. Today, I forgot to do that, too. But that's his fault: he distracted me with his talk.

Hedonism Days

'They keep bombing Kyiv', Ivan says. He is an artist, and thanks to Ira, his work is known around the world. His pieces can be found in institutional collections all over Europe. Since the beginning of the full-scale invasion, he designs interiors for the newly built shelters that house temporarily displaced people.

'Just think, less than a month ago, a few days before the full-scale invasion, I was dancing in a bar in Kyiv. Against the backdrop of the alarming news, we were joking that those were our last days of hedonism. I mean, it sort of turned out like that, but it was all in a previous life'.

A long silence as we open and scroll through the news. We read about the defence of Kyiv and Kharkiv, and Anna starts talking to fill the silence.

'I went and bought myself a piece of gold jewellry. I tell myself I could trade it for a loaf of bread, if it comes to that'.

'Ha ha! And if it doesn't, how are you going to explain it to the children you will have after the war? The fact that you bought it during the war?'

'Right, they'll think you did it in between digging a trench and running around with a machine gun'.

'And next to her, Sofia, with her perfect curls, flitted from one trench to the next and wished her viewers a very good day...'

'I made a manicure appointment for next month: this is the only thing I managed to plan that far'. Anna at some point remembered the value of sustainable development, and determined to make plans not just for the day or the week, like everybody else, but for a month. We looked at her as if she were a mad prophetess.

The war turned out to be different from what we had imagined. We would hide in bomb shelters — but then go to a newly opened restaurant whose owner kept buying automobiles for the front. We would buy clothes from Ukrainian designers — and know that, while making the profit they needed to keep funding their businesses, they would donate a portion of the proceeds to the military. We could make a manicure appointment — thus providing employment for a woman who had arrived on the previous evacuation train from the East. Our former lives with parties and receptions to be attended in cocktail dresses felt very distant, but everything we brought back we did for the Armed Forces of Ukraine and our victory.

'We'll cancel it for you if we have to', Maksym jokes. He means in case a random missile does hit the building where we are. We roar with laughter. Anna has just raised the stakes in the lottery.

Basic Instinct

'Well, my friends, I have had calls from all my exes. Every one of them. They worry about me, bless them', Andriy says, with a touch of pride.

'Calling is nothing', Ira laughs. 'Mine was coming from the safety of Europe to rescue me out of Ukraine'.

'Well, shit! What did you tell him?'

'Told him to fuck off at first. Then I told him if he was coming anyway, our shelter needed some basic drugs. And that I was not going anywhere: this is my country, this is my home, and I'll die here if I have to', Ira says.

'Hey, Andriy, did you tell your exes how crappy your libido gets under air raids?'

Even here, far away from the frontlines, we had forgotten about sex and sexuality. We put on the same clothes day after day because making a different choice would have required an effort. The chats on our phones exploded with messages. We wrote 'How are you?' to friends from the cities that russians hit what felt like every minute. Certain words lost their significance. We knew we had to tell our friends, of all genders, 'I love you' if that's how we really felt. Love for one's own, and hatred of the enemy — this is what helped us get out of bed in the morning (on those exceptional mornings when the air-raid sirens did not do it).

'I feel the opposite', Anna says. 'I really want to have sex with those guys in uniform and to have their babies. Only how am I supposed to have babies in the world where they won't close the sky and children get used to sleeping in shelters, and all their games are about war?' She raises her eyes at us.

'I miss my son. I keep thinking of the day I put them on the train. My son and my wife left the country, and I won't be able to see them any time soon. I cried on my way from the station. But they will live', Ivan blurts.

Most people left because of the children. Women bundled infants in their warmest clothes and took them to the other side of the border. They crossed an imaginary line beyond which the sky was secured by NATO and wept at the despair of having left their homes. We don't know who has it worse: we who had stayed or those who had left. To be on the other side of the border, near or far, is to live in a normal world, but without losing touch with our crippled one. When you are ostensibly safe on the other side of that line, you feel every piece of news even more acutely. The women who left put their children above their own interests or mental health. They are alone in a foreign country where they cannot afford a nanny, and do not have their parents or a partner who could watch the kid while they go for a walk alone. Their lives revolve around their children and the news of casualties in their native cities. But to remain in Ukraine would have meant putting one's child in danger. Most do not wish their children to play the lottery.

Adrenaline Roller-coaster Park

'If you are going to spread pessimism, I'll kick you out of the apartment. Better let me show this video of how our nice Bayraktars blow up russian tanks. Look, there was a column of tanks—and now there is not'.

I look up with tears in my eyes.

'But what if we lose Kyiv? What if we never get Mariupol and Kharkiv back?'

The waves of adrenaline that made us capable of working two or three jobs and volunteer in-between would give way to deep pits of despair. Whenever that happened, the most important job was to support the person, to pull them out as quickly as possible. And then to keep working, working, leaving no opportunity for another fall.

'Even if they take them, we'll get them back. Look, look: a nice little Bayraktar is flying through the sky...and there are fields below it, pretty summer fields...'.

Boom!

'Feel better? If not, I'll give you my wine. These six sips are not going to make a difference'.

'Thank you, a little better. I can't take your wine'.

We watched a lot of russian content, too, to know what people there were concerned about. It made us sick, but we could not stop. All of us at least read russian, and this gave us the tool to, let's be frank about it, locate some hope that their society would organise, would protest, that they would begin fighting the regime from inside while we battled it at the front. Our hopes were in vain. Instead, we saw Instagram stories about the pain of sanctions (are you serious?) and threats to our President.

We grew up very early, just like the majority of our compatriots. While people of our age out in the West spent time wondering where they would apply for college after a few gap years, we were managing enormous projects and founding successful businesses. After the Revolution of Dignity, we learned very well that we needed to live life to the fullest and take responsibility for our every action.

We finished the food and the wine. It was a few minutes before midnight — we went to bed.

The Ukrainian Dream

The other day a well-known writer asked me whether I knew how to build my life from now on.

I realised I did not. I cannot plan or dream; I don't know whether I will be alive tomorrow. But we are all certain that none of this is in vain. We are not afraid at all. We, young, beautiful, and accomplished, slept three to a bed that night. Yes, we just slept. We spent all our savings on assistance to the Ukrainian military. We worked twelve-hour days for our Ukrainian dream. Each of us, curiously, had something unique in mind, but this did not matter. We wanted one thing: for the russians to leave us alone so we could go on developing our careers, starting families, and renovating our homes, not as a means of dealing with obsession but because we were confident no enemy rocket would strike it the next day. All of this is yet to come — when russia finally leaves us alone.

In the early hours of the morning, the air-raid siren sounded, but we decided to ignore it. Missiles did not hit Lviv that day; we survived, and we had one more day to be young.

Luhansk, Stolen[1]

Kris Michalowicz

This is how they steal your hometown from you. This is what they did to your Luhansk.

They bring in droves of drunken russians from over the border by bus and have them hoist mutant two-headed eagles on every flagpole. The russians bully their way into the heart of the city and proclaim themselves the heroes of a 'great patriotic war' from long ago. They swear this city — which they have never set foot in before — has always been their city. They say it always will be; that they have returned from exile to reunite your city with them like a lost child with its mother.

Then the russians hand in their tracksuits and football tops for military fatigues. Instead of the russian tricolour and the ribbon of Saint George, they now have small arms and artillery. They look like boys playing a game of soldiers, dressing up in their fathers' clothes to try to look like men. They belch cologne and slur grand proclamations about a country that never existed. This country is as real to them in their drunken stupor as a desert mirage, and to breathe life into it, they have to capture buildings, abduct and torture your neighbours. What they can't rape or kill, they eat or steal.

The streets you grew up on become a smuggler's cove; the fields you wandered, a haunted graveyard. A curfew is imposed, and at night the drunks sing songs from a war they never fought. They wear insignia and icons and toast heroes from a country they can't remember living in. This city of strangers, they swear, is the same as the one you were raised in. These strangers were always your neighbours.

Your father took you and your mother away from the city and to your family dacha just outside of Luhansk, where the steppe opens up and only the flocks of birds stencilled into the sky keep time from coming to a complete standstill. From there, you spent

---

1   This essay was originally published in *MIR Online* on 29 September 2022, http://mironline.org/ukraine_luhansk_stolen/.

your sixteenth birthday feeling the tremble of the earth beneath your feet. You watched the dull illumination of mortars and the eerie glow of tracer fire in the distance. Friends and their families disappeared to Kyiv, Odesa, Kharkiv. Their shelled and empty homes looked like lanterns with the candles burnt out after All Saints' Day.

Your mother begged your father to follow the others, but all he could say (after swilling the sediments from the wine in his mouth) was *Why should we leave?*

Although you felt your mother's fear in your own blood, you shared your father's sentiment. This, after all, was still Luhansk. Your Luhansk. Who had the right to tell you which country it was or wasn't? Who could sweep borders across the land like breadcrumbs across the table?

You looked just like your mother when she was a girl, but you inherited your father's shining black eyes and deep, solitary attachment to the place where you were raised. Like your father did when he was as a boy, you preferred to spend all your time outside of class wandering the wild fields. You loved to stand under the noon sun and look across them, feeling like the horizons touched the very ends of the earth. You loved to study maps and languages and learn the mysteries of ancient empires, but curious as you were, you felt no desire to leave Donbas. You were open to the world, but wherever your thoughts drifted, they always came back home to Luhansk. Faraway places, with their legends and unpronounceable names, were curiosities and no more. Like stones and leaves you'd find in the fields, you'd handle and inspect them, turn them over just to feel how they rested in your palm, before you'd discard them and walk on.

It was the same for your father. Unlike many of the drunks recruited by russia to steal the city, he could actually remember the Soviet Union with clear eyes, the toil it demanded of a person. His twenties were lost in its honour to a dreary military service on the top of the world in Murmansk, where he kept his thoughts to himself and plotted and yearned to return to Luhansk and never leave again. His resolve to do so was so strong it pressed its shadow into you, his daughter.

Apart from making wine, your father's great passion was fishing. You once told him about a boyfriend from school and his first question was *Does he fish?* You told him no and he replied *Tell him not to waste another second! He doesn't know what he's missing!* On the weekends you and your mother — the people your father called his best friends — accompanied him for lazy picnics by the river. These car trips took you further out of the oblast and showed you the tributaries of the Luhan and the Mius. In an old photograph now lost, your father faces away from his wife's camera, the lens catching only the edge of his smile as he perches on the riverbank. But you face your mother, your eyes sparkling in the shade of your father's contentment as you proudly hold up his catch in your hands.

Your mother dressed the house in flowers and nurtured you under ferns. The bitterness of wine contrasted with the sweetness of lilies and peonies. The house was full of books, both in Russian and Ukrainian, and you loved to read in both languages. But rather than sneaking books to bed at night to read with a torch under the covers, you took paper and pencils. You drew by torchlight as your parents lay asleep in each other's arms in the next room. You made diagrams of your mother's plants and sketched your father's rivers. You bathed in the warmth of your parents' love. They never argued, your father never swore. Although his wine was his pride, you never once saw him drunk.

Now the city became starved by drunks who sang dead men's songs and flew the flag of a fictitious place. But at the refuge of your dacha, facts would remain facts. The fields, uninterrupted by buildings, would still welcome you, and Ukraine would stay Ukraine. Your father still had to go into Luhansk to work. He'd see the skids of tank tracks in the streets, portraits of Lenin and Stalin like undead risen from their tombs. The drunks guarded checkpoints, clinging to their guns. Their charcoal silhouettes haunting the roads looked like scarecrows come to life to wander in from the fields in search of a brain.

You turned eighteen and your parents moved back into Luhansk, so your father could keep an eye on the garage he owned and guard it from looters. A stray cat moved in with you at the dacha and your neighbours regarded you as something like a witch in her covenstead. This strange girl who lived alone, who never thought about marriage or children, and didn't eat meat. The cat watched you as you scarred the frying pan in your efforts to cook. It hunted mice and saw you endure an intermittent water supply and faltering electricity. The sparse furnishings of the dacha calmed your artist's eye. It was no longer possible to transact even with a local bank or post office without collaborating with the enemy, so you made a living freelancing online as a graphic artist. In the evenings you read Ukrainian poetry to yourself in a faint whisper.

You were hidden from the world.

Your art was a hymn to these remote suburbs. Removed from the militarised city, it was sometimes possible — if only for fleeting moments — to pretend you were free. The images you rendered were smooth and rounded and warm. With your hands you brought to life scenes from the city outskirts. A bumblebee visiting a barefooted girl sat among wild flowers. A bike ride. A young boy sailing away in a daydream boat down the Krynka to reach the sea. A kitchen table where a cup of coffee steams next to a bowl of three beaten eggs, a fork resting on the side. Years passed and your artwork became more vivid and insular. It protected you from what was happening inside the city, where Russians staggered among the ruins, delirious with alcohol poisoning.

You turned nineteen; you turned twenty. At New Year, your parents refused to toast at midnight, waiting instead until 1am so as to not celebrate at the same time as Moscow. And the safety of the world depicted in your art became evermore disconnected with Luhansk as it had become. You noticed birds of prey hunting in the trees surrounding the dacha and taking off with something weak and helpless. In a nearby village a wolf dragged away a little boy. Every now and then a forgotten landmine, left somewhere in a drunken blackout, took someone's life or leg. Your father's rivers were now desiccated or bled a polluted rusty red. You still felt like you lived in a fairy tale, but now with only the dark, sinister elements left in.

Ever since the russians shelled your street in the city and forced you and your parents to leave for the dacha, you swore to yourself you'd never worry again about anything less than life and death. You knew what could happen to a body. Bodies failed; bodies could be ripped apart. Where once there was a person, a consciousness, there is now something unrecognisable; a prop in a horror film. A bullet or a shell erased a person and all of the memories and love contained within them. That's why in your sixteenth year you made a silent vow to yourself to never get close to anyone or anything that could be stolen from you.

But now in the silence of the dacha something was changing inside you. When you fell asleep your mind showed you images, textures, played fugue notes that collaged into a feeling. The feeling then grew hands and breathed and became a body of its own, touching you and loving you and holding you until the morning as your nails traced its back. Then it would dissolve upon awakening, and you'd sit up alone in bed, feeling like the dacha was haunted. An echo, an absence, lingered in the air. The scent of someone who was never there.

During the days too you dreamed of other things. Public parks bustling with happy families. Flags of blue and yellow. Crowds staying out late. Everyone safe, speaking their minds. These daydreams buzzed with chatter in Ukrainian and Surzhyk. To think of yourself separated from Luhansk was to imagine yourself in a vacuum. But now you felt at last the need to leave, to follow the whisperings of sleep and feel the things you saw and touched in dreams.

You stood in line with the pensioners at Stanytsia Luhanska, feeling like you were about to cross the river Styx to go back into the world of the living. The russians at the crossing asked if you had a boyfriend and looked at you like you were an item in a warrior's harem. They were so beguiled by you in their boredom they neglected to search your bags. You wondered if all it took was a smile for you to be able to smuggle bombs for the resistance and copies of *Kobzar* back across the demarcation line undetected.

You followed your friends to Kharkiv and enrolled at university, where for four years of total freedom you jumped at every loud noise and lay awake at night worried for your parents. Then the russians decided Kharkiv was also their city. So once again, just like the day they shelled your street back in Luhansk at the start of it all, you crouched for the last time in fear of the murderous sky.

Black, White, and Colourless[1]

Kateryna Iakovlenko

Translated from Ukrainian by *Nina Murray*

In the summer, the air is so heavy you can hardly move your feet: your body becomes heavy and it feels like your nostrils are made of brick. You gasp for breath like a fish beached by a powerful ocean wave. It is hard to tell if this is because of the bright steppe sun or the dust that worms its way into your clothes and skin. I cannot fathom how the miners, who must wear their protective overalls every day and climb down into the guts of the blazing-hot earth, survive in temperatures like this. I never asked my father — he used to work as a power engineer at a mine.

In winter, it's a little easier. But the winds can be so strong they send the very ground under your feet skittering in every direction. The local road crews would put salt on the iced Donbas roads. This did not always prevent injuries, but made it necessary to clean the white rosettes of salt off your black fake-leather shoes every night.

The time was the late 1990s and the beginning of the new millennium. The bright colours of childhood were painted in the shades of the grey everyday. And yet, this unruly industrial poetry mesmerised me. Exact sciences were entirely foreign to me. I always wondered: how much salt does there need to be in this country to make it OK to put it on our minor roads? So many of us travelled them.

One of the people who walked the roads of my city was the photographer Alexander Chekmenev. In the early 2000s, he made his most famous series, *The Donbas*, about the poverty of the region, its social challenges, and the self-sacrifice required to mine coal. In fact, it is about a more than century-old vicious cycle of these problems, anchored to mankind's abusive dependence on natural resources.

---

1   This essay was originally published in *The Ecologist* on 22 September 2022, https://theecologist.org/2022/sep/22/black-white-and-colourless.

Salt

Let's check our watches. At 15:00 Kyiv time on 4 April, the workers of mine number four of the state-owned enterprise Artemsil in Soledar in the Donetsk region finished their shift. They all received their pension-credit records and left in different directions.

Everyone was expecting a russian assault in the Donetsk and Luhansk regions since the beginning of the full-scale invasion, but few had imagined its scale and cruelty: industries that underpin entire cities are shelled constantly, critical and civilian infrastructure is destroyed, housing razed. Artemsil had to halt its production. Two-thirds of the city's population left. Some were leaving for the second time, after they had fled here from the war and russian mercenaries to start new lives eight years earlier. And now the ground was slipping again from under their feet.

The ground is caving. This is not a war-time metaphor but a real prospect unless salt- and coal-mining enterprises can return to work. 'There are no lacunae in nature', the resource geologist Mykhailo Kulishov tells me. Kulishov was born in Horlivka, moved to Bakhmut in 2015 because of the war, and now lives in the Kyiv region. 'When a mine-shaft stops being worked, water will fill the empty space. This water erodes the larger structures of the mine and rises to the surface where it might form a salt lake'.

I have swum in one. There are salt lakes outside of Sloviansk in the Donetsk region, with a resort built around them. The last time I went was in August of 2014. The intolerable Donetsk sun was blazing hot, and it felt like time itself slowed down in the heat. Exhausted Ukrainian soldiers wandered around the resort. My photographer Mykola Tymchenko and I stopped to take a picture by a tank named 'Swallow'. These were the members of the 95th Special Paratrooper Brigade, the future 'Cyborgs' of the Donetsk airport. One of them got married that same year or soon after, and has two sons now, but he is still at the front—just went home on leave in June, for the first time since the full-scale invasion.

Yevgraf Kovalevsky, a nineteenth century Kharkiv scholar, believed Sloviansk's Salt Lakes to have formed as a result of the near-surface salt-bearing strata being eroded by groundwater. Salt mining was never as developed here as it has been in Bakhmut or Soledar. In its early days, salt was mined chemically, which eroded the soil, created cavities, and provoked many mine collapses. In 1935, the authorities made the decision to work all salt deposits exclusively by artificial subterranean leaching. This practice lasted until the beginning of the Second World War. The years of fighting and occupation exhausted the industry. Ground caved, homes collapsed. In 1961, the authorities closed down the central salt mining operation in Sloviansk for good. Time stopped.

My imagination often turns to the Ukrainian Futurists who had once envisaged my region as a utopia and came here in search of 'rhymes and life'. They thought the future would be dynamic and fast-paced, so time ran faster on their watches. The writer and journalist, Oleksiy Poltoratskyi, walked these steppes and imagined himself roaming the bottom of an ocean that used to exist 'an astronomical number of years ago'. He was not wrong: there had been, in fact, a large body of water in the present-day Donetsk region, but a sea, not an ocean. It was this sea that left behind salt deposits.

Unfortunately, I know very little about Poltoratskyi, aside from a handful of his writings I read. But I inhabit the future he had imagined, and find myself at the same crossroads, reflecting on my own life and the life that will come after mine. Perhaps, this is the most powerful thing that connects us.

It feels to me now that the winter days when I walked salted roads were also an astronomical number of years ago. Paradoxically, temporality can crumble or concentrate exactly like a lump of raw salt. The kind the Bakhmut carpenter and self-taught artist Yegor Popov used to carve back in 1889, 122 metres under ground—a statue of 'the Salt General' Nikolai Letunovsky, the then owner of the Bryants mine (now Artemsil). Slightly yellowed with time, the statue is still held in the Donetsk regional history museum. The russian Tsar had stripped Letunovsky of all his titles and duties. Later, however, he was celebrated as the man who opened the industrial chapter in the life of the city—never mind that salt mining had been practised here long before the industrial revolution.

Be that as it may, the two-metre general, now nearly faceless, has survived two empires. He'll survive the third yet.

'How much time would it take for the water to fill these mines?' I ask Kulishov.

'Twenty to thirty years perhaps', he says.

Coal

It has been two years since the groundwater began to flood the illegal open-air coal pit near the Lysychansk gelatin factory. No one knows the exact chemical content of that water, and yet a few locals have already taken a swim in it. They say it's as deep as a five-storey building, and you might very well drown. The residents of Lysychansk baptised this place 'The Lysychansk Grand Canyon'. It does look awesome: the pit is filled with blue-green water and surrounded by ruby-coloured sandy bluffs, dotted with green shrubbery. Birds circle overhead. Insects buzz. The only downside is the smell of animal bones from the factory nearby.

Local rights defenders and environmental activists have been reporting the illegal pit to the authorities since 2017. They have filed at least eight complaints, and the illegally mined coal as well as the mining equipment have been seized at least as many times. The criminal investigation, however, did not begin until 2020.

Even before the war, Luhansk and Donetsk regions looked from space pockmarked: the gaping holes of illegal pits are easy to spot on Google maps. The number of these wounds is growing; now, there are also holes left by exploding mortars, craters from air-dropped bombs, and the graves of soldiers and civilians.

People used to mine illegally on the sites rich in high-grade anthracite coal. My home town was famous for it. But since the war began in the spring of 2014, these pits have sprung up everywhere. Conservationists raised alarm: pit mining harms the environment, and is in no way a rational use of natural resources. Economists warned of the corruption and shadow markets. Rights advocates spoke out about the absence of safety measures or social benefits. Miners faced the risk of injury or death at the state-owned mines as well, but at least those provided a safety net. Illegal pits offered no assurances of any kind and would hire even high schooler students.

Boys like the fourteen-year-old Yura Sikanov from the town of Snizhne in the Donetsk region. *Mine Number Eight,* the documentary film about him, travelled across half of Europe in 2010, but was not allowed on to the festival circuit in Ukraine. The film tells the story of a very young man taking responsibility for his family when his father dies and his mother abandons her three children. His decision to work illegally is a forced one. Yura became a hero for his two younger sisters, but most of Snizhne's residents did not share their view. Two years later, the boy was severely beaten, his jaw broken. The film was accused of slandering the 'real' Donbas, a heroic and striving region, with no room for poverty or black markets, where industry played an important role. But the industry was, in fact, playing its own game.

'My grandmother came from western Ukraine. She broke the law when she was fifteen, to have a few years added to her record, so she could go to work. So she went: they sent her to push the coal carts. They had to fire her eventually, because she started coughing blood'. I am speaking to Alexander Chekmenev in a café near the Livoberezhna metro station in Kyiv. It is late September, 2014, and the war has been going on for six months. Chekmeniov has just returned from Sloviansk where he photographed residential buildings shelled into rubble by the russians and their proxies. In his pictures, exhausted, hopeless people stand against the background of the ruin. If you could mine salt from their grief and tears, Sloviansk would be a leader of salt-making. Unless, of course, their tears became a lake.

Gas

I am talking to Chekmeniov about his photographs and his connections to the region. He shot the series I consider most poignant — *Passport* — in the Luhansk region during the period when Ukraine was issuing its first passports to its citizens. Chekmeniov helped social workers who visited the elderly, and took portraits in people's homes. Among the citizens of the new state were men and

women in their 90s who had their own deaths—not a political re-
naissance—on their minds. One of Chekmeniov's subjects had a
coffin placed pre-emptively next to his bed. The poor homes' inte-
riors remained outside the frames of the passport photos, but were
still there, like the worn-out stage-sets, in Chekmeniov's pictures.

He took his photographs in 1994; all of them breathe with cold.
Some subjects wrap themselves in blankets; others are wearing
thick sweaters. Most of the homes Chekmeniov visited were heated
with coal. Miners could buy coal at a discount, but it was still not
cheap. People saved by keeping their homes frigid. Gas was con-
sidered a more progressive and environmentally friendly option.
None of Chekmeniov's subjects gave it any thought, however: they
were preparing to trade the cosy feeling of their homes for the
warmth of the ground that would soon take them.

In early 2006, there was first talk of the natural gas deposits in
the sandy soils of the Yusif basin, which encompasses parts of the
Donetsk and Kharkiv regions, right next to the country of salt lakes,
pine forests, and the incredibly clear air where we took the picture
of the iron 'Swallow'. One struggled to imagine a new mining op-
eration in that landscape. Gas lies in the deep strata of sandy soils,
and the wells could be as deep as 4,500 metres. This could, in turn,
affect the groundwater and the entire ecosystem. The environmen-
tal risk and feasibility analyses were never completed—primarily
because of the war.

In 2014, the company that ran explorations for Shell stopped
operating with the notice that it was taking 'a hiatus in our ground
operations'. In mid-February of 2021, the national concern
Naftogaz also threw in the towel: 'Let the gas stay under the ground
at this price'. Today, the Yusif basin is one of the first frontlines.

The Donetsk and Luhansk regions have often been called the
land of black and white gold: coal and salt. But the real treasure is
gas: an invisible compound that is now tightening the energy de-
pendence noose around European nations.

For the eight years since the annexation of Crimea and the oc-
cupation of parts of Luhansk and Donetsk regions, the war, for
most European politicians, remained as amorphous and invisible

as natural gas. Only now has the wind from Ukraine brought over the acrid smell of gas and burning.

For the most part, this invisibility was a result of the russian media campaign that manipulated historical knowledge and the facts of the Ukrainian frontier. In fact, the only thing that Moscow is after is resources — including the human one.

Soviet propaganda cast the workers of Donbas as brothers of the Titan Prometheus, who first sculpted human beings out of mud and then gave them fire and its heat. Unlike their half-divine imaginary kin, however, the people of Donbas were not invincible. Every day, these miners did back-breaking work, climbed down into the guts of the earth like moles, denying themselves daylight and losing their health and sometimes their lives. The propaganda machine kept silent about their 'occupational' illnesses and the high rate of mortality in the mines. Only their very particular cough and the black circles around their eyes reminded people of the cost they paid — the coal dust that no soap could wash off. The only thing that remained invincible was their strong, literally pathological, kinship with the land.

Unlike the Ukrainian Futurists, the Eastern Ukrainian farmers saw the change in their landscape as an act of violence done to their own bodies and identities. They saw industrialisation as a form of violence, while they cared about their land as if it were a member of the family. They made sure the soil did not erode or get washed away, by planting winter wheat or rye to give the land a chance to rest and renew itself. Today, the fields of wheat and rye are also burning. Today, the fire that Prometheus had given people is put in the service of death and destruction.

Industrialisation, meanwhile, just like photography, is part of our modern history. Industrialisation appealed to the future; photography has always been about the past. War keeps taking the future away, as do forced migration and deportation, poverty, hunger, changes of climate, and new diseases. The past requires constant vigilance: archives and cultural heritage are being destroyed. My own analogue photo archive did not survive the blaze of artillery in March of 2022, and turned into dust under a russian barrage. As a token of memory, I have a portrait of myself taken against the backdrop of the empty, burned-out walls. But it was not the first time I had stood amid my ruins.

I had only been to my grandfather's village once. No one knew my grandparents' history well; my grandmother never showed me her family pictures: stacks of them gathered dust in her wardrobe for many years until she died. Grandfather had died before her. Wars and revolutions had destroyed that village. Industrialisation and the empire not only occupied the local landscapes, but also wore out, swallowed the dreams of my grandfather's family — once potters who became coal miners. We took a family picture against the background of the devastated landscape where the Ukrainian church and my grandfather's parents' house had once stood. They lived here in the 1920s. They were deported in 1938, rehabilitated in 1954. We came back in the 2000s.

I wonder what the pottery my great-grandparents made looked like and imagine myself putting flowers into a vase shaped by their hands. I wonder what the clay felt like — the clay that gave them strength and inspired them to make new things. But I don't have that knowledge — or those artefacts. I don't even have that picture with the vanished village in the background. A century of my family's biography — that's what I'm trying to put back together, like a broken jug.

I also think about my own connection to this land. The late summer wind and the sharp smell of thyme that sends me, like a magic potion, instantly home, where the silver manes of needle grasses wrap the earth like waves of an ocean. Where holes in the roads are filled with coal slag, and in winter the snow is dusted with salt. Where the roots of the plants are so strong, they grow in the abandoned rusted frames of factories, reclaiming what's theirs. Where the faceless salt general is counting down the time left in the life of a third empire.

Where everything that looks at first black-and-white assumes bright colours and comes to life. Just like the propaganda trains that Vasyl Yermilov painted with flowers before they went cruising the local rails in the early 1900s.

My memories might be closer to a Futuristic epic rather than the reality on the ground. In reality, the thyme and needle grasses might not survive the war—they lack the resilience to the enormous numbers of machines and explosions. And to help the salt general see political change, Ukrainian soldiers dig trenches—and watch sunrises and sunsets from them. The best of them become the salt of that earth. And the cost of it cannot be measured.

Scholars argue about the exact moment when modernity ended and whether we are still processing its demise. I am interested in a different question: did its end also signal the death of all its visions of the past and the future? So that the only thing we have today is the present, where time is measured not by the hands of a clock but by the firing of an air defence system as it stops the crawl of a reborn imperialism? If the last century's Futurists suddenly found themselves in our times, would they be disappointed? We have tense rhymes, cryptic words, and an everyday struggle for survival. As we survive air-raid alarms and our own anxieties, endure loss, pain, and the destruction of our native cities, what we want most, more than ever before, is to gulp down our freedom— to fight for each lungful of it like the parched beached fish.

The old utopia was born underground—born of salt, coal, and gas. But there is no need to drill into the sand to find the new one— it is right here, on the surface. We are the shelf of the ocean that will live here an astronomical number of years later.

Let's check our watches. Mine tells me it's year eight and day 162 of war. The empire is being counted down.

The Kyiv Thickets[1]
Jonathon Turnbull

Before I arrived to Kyiv as a naïve PhD student, I pictured grey con-
crete and lots of it: endless high-rise buildings, modernist space-
ship-like constructions, and gargantuan Soviet-era monuments of
communists and workers. And while my impressions formed from
afar were not entirely false, they were lacking to say the least. It irks
me that this greyness is the first, and often only, thing people think
of when they imagine Kyiv — a city whose symbol is a horse chest-
nut leaf, begging us to find the green among the grey.

***

June 2021. A year ago. A different world. We're gliding down the
Dnipro on a riverboat at a fashion show by Mikhail Koptev,
Ukraine's premier 'trash' designer, who left Luhansk for Kyiv after
russia invaded Ukraine in 2014.[2] Portside, we look up a hill past an
all-but-fully-nude catwalker into the greenery of Hryshko National
Botanical Garden. Glancing starboard past a leaf cellotaped to the
groin of another stumbling model, we see Hidropark, one of several
forested islands on the Dnipro, which splits Kyiv's right and left
banks. My friends Grant and Hugo, who visit regularly from Berlin,
are surprised by Kyiv's green lushness — an aspect of the city which
seems to get lost in translation. Kyiv has been known as a 'green
city' in the reference books since Soviet times. But for many foreign-
ers, this comes as news.

One afternoon, my friend Dmytro Chepurnyi and I were out
for a wander. Dmytro, a researcher and curator from Luhansk,
whose family home has been occupied since 2014, has lived in Kyiv
for eleven years and is well acquainted with the city's nooks and

---

1   This essay was originally published in *The Ecologist* on 22 September 2022, http
    s://theecologist.org/2022/sep/22/kyiv-thickets.
2   Denis Boyarinov, '"I want to live in style": the gay provocateur defying rebels in
    eastern Ukraine', *The Guardian*, 30 November 2015, https://www.theguardian.co
    m/world/2015/nov/30/luhansk-gay-provocateur-ukraine-mikhail-koptev.

crannies. 'So, what are they, these *Kyiv thickets*?' I asked, having never heard this term before. 'They're these green zones around the city', he replied, 'and they're filled with political potential'.

The Kyiv thickets are, as the name suggests, dense patches of thick greenery that occupy the margins of the city, akin to the 'brachen' of Berlin.[3] Often liminal spaces suspended between rural and urban, nature and society, they are a gathering place for marginalised human communities and practices as much as they are for endangered non-human species. Weekend *dérives* with Dmytro and his crew of artists, photographers, and researchers allowed me to become intimately acquainted with several of the Kyiv thickets, spending time with the more-than-human communities that call them home.

Ecological Thickets

Unable to shake my caffeine buzz after completing a thesis chapter in the early hours of the morning, I once walked from Podil — Kyiv's old centre, where I lived — to Vyrlytsia Lake. I left my apartment at around 5am as the morning sun was still burning through the dewy atmosphere. I headed straight for the river, where the buzz of mosquitoes was audible in the morning solace.

Crossing the Dnipro over Paton Bridge, I touched down on the left bank and walked randomly in a daze for a couple more hours. I plodded through residential districts. Despite looking uniform and repetitive, they remain endlessly fascinating due to the unusual architectural modifications residents are constantly making to them. Eventually, I came to the end of the concrete jungle, crossed a motorway, and found myself looking at a huge expanse of water. My unintended destination had arrived. Later, I'd find out its name.

'Kyiv is a concrete block', says Anastasiia Hmyrianska, an activist from Kyiv who leads the campaign to protect Vyrlytsia Lake from development, 'which makes it difficult for birds to fly over

---

3   See Matthew Gandy, Natura Urbana: Ecological Constellations in Urban Space (Minneapolis: University of Minnesota Press, 2022).

without getting exhausted'.[4] The Dnipro River is an ecological corridor of global importance, facilitating the migration of a host of species from Scandinavia and northern russia to the south. The lake I'd spontaneously stumbled upon while drifting through the city that morning turned out to be one of the few migration stopovers left where these amazing avian travelers can rest their weary wings.

Hmyrianska tells me that it's also a crucial nesting place and a stopover for rare migrating birds. Every year, Kyiv's largest colony of black-headed gulls makes its home here, among over sixty other bird species that are protected by the Bonn and Bern Conventions. Between 2016 and 2021, ornithologist Natalya Atamas recorded the presence of the red-necked grebe, little tern, peregrine falcon, and black-tailed godwit in addition to many others.

***

The diversity of habitats in Kyiv, especially on the banks of the Dnipro, is quite astonishing. Osokorky, for example, hosts six different habitat types including reservoirs, floodplains, swamps, shrub, and forest, and is home to 170 bird species as well as several species in the Red Book of Ukraine, like the emperor dragonfly and the northern crested newt. Other areas, like Zhukiv island and Koncha-Zaspa provide a glimpse back in time according to ecologist Oleksiy Vasyliuk, 'showing what the banks of the Dnipro looked like before anthropogenic disturbance'.

But not all the Kyiv thickets resemble 'pristine' or 'untouched' natural habitats, not that the terms 'pristine' or 'untouched' are useful for environmentalism in the contemporary era. Following the deindustrialisation of the 1990s, nature began spontaneously to emerge amidst emptying green- and brownfield sites. Since the economic rebound of the 2000s, however, the thickets have come under threat from commercial and residential development—spheres which remain steeped in corruption throughout Ukraine. Like other marginal, seemingly abandoned, or unused urban spaces, developers often view the Kyiv thickets as wastelands. But there is

---

4   Anastasiya Hmyrianska, 'Ostannia Nastyna vidrada', http://magazine-medial abfem.org/nastina_vidrada.

nothing *wasteful* about these spaces. Indeed, 'wasteland' serves only as a convenient descriptor for jackpot-eyed developers who see the thickets as *wasted* opportunities to be cashed in on.

Protecting the Thickets

Kyiv's green spaces are the subject of a host of national and municipal laws, but the legislation protecting them is limited and rarely enforced, while there is 'an absence of liability for breaching the rules'.[5] Many of the Kyiv thickets are simply not on the map, making them 'vulnerable' in the words of Nastya Kuzmenko and Yaroslava Kovalchuk, the editors of *Green Kyiv*, a critical travel guide to Kyiv's urban natures.

Yet despite this floundering legal system and entrenched corruption, attempts to develop Kyiv's thickets and green zones are met with strong opposition by a lively community of Kyivan activists. Save Horbachykha, for example, is an organised collective that protects Horbachykha, a thicket on the left bank of the Dnipro, which is part of the Dnipro ecological corridor and home to myriad endangered and protected species of flora and fauna, including the Eurasian beaver and Eurasian otter. Cultural and environmental groups have regularly come together to defend the thickets. At Horbachykha, the Biorhythm community of sound artists and musicians worked with Save Horbachykha to produce a soundscape used for defending the area from development.

Between 2001 and 2014, there were more than 300 activist groups protecting green spaces in Kyiv alone. These were often local interest groups, largely unorganised, and 'mainly bothered by the prospect of the eyesore caused by new building developments outside their bedroom windows', according to Vasyliuk. Over time, however, the activist community has professionalised, concentrating into fewer but more powerful groups who are savvy with legal

---

5   Ihor Lishchynskyy, Mariia Lyzun, Evangelos Siskos, Yevhen Savelyev, and Vitalina Kuryliak, 'Urban Green Space: Comparing the EU and Ukrainian Practice', SHS Web of Conferences 2021, vol. 100, pp. 1–7, https://doi.org/10.1051/shsconf/202110005007.

matters, and know how to converse with lawmakers and city officials.

***

Part-ski complex, part-urban forested ravine, Protasiv Yar is a green space in downtown Kyiv which has been loyally defended by local residents from development for around eighteen years. The most prominent defender of the site was Roman Ratushnyi. A born-and-bred Kyivan, he became an influential activist at sixteen during the Revolution of Dignity, as well as a key player in the March for Kyiv, which united forty activist organisations with environmental, educational, city planning, and development concerns to demand a better, more just Kyiv.

Ratushnyi founded the NGO Let's Save Protasiv Yar in 2019 after the city government illegally sold a permit to develop the site he'd loved since childhood. Having gone to law school, Ratushnyi was emblematic of the new era of Ukrainian activists capable of defending themselves in court, fluent in the language needed to negotiate with those in power, and vigorously against all forms of corruption. In 2021, Protasiv Yar was designated a green zone that could not be built on. His campaign was successful.

On 9 June 2022, Ratushnyi was killed defending Ukraine from russian invaders close to Izyum in Ukraine's east. He was twenty-four years old. His death sent shockwaves through Ukraine's activist community. Kyivans came out *en masse* to mourn his death.

Ratushnyi's legacy is sure to reach far beyond Protasiv Yar. His life's work is already inspiring others to strive for a fairer, more democratic, and free Ukraine, while through Protasiv Yar, he has ensured that Kyivans are able to wander through and enjoy their city's historical thickets.

Countercultural Thickets

The best way to inhabit a city is to *dérive*. My first time in Berlin involved spontaneously climbing through a hole in a fence out of frustration caused by my failure to take the right U-Bahn twice in a row, which led to me abandoning my plans for the day. Through the fence, I entered a small wood, wandered past a set of comfy-looking-but-damp couches arranged in a circle, before panicking — honestly — that I'd broken into an airport, which I later found out was Tempelhof Field. This is also how I found Хащі — Hashchi — in Kyiv.

Hashchi is the direct Ukrainian translation of thickets, but has also come to designate one particular thicket. Tucked away in a forested area among a complex of garages, Hashchi is a self-organised community space in the centre of Kyiv that emerged around 2014. Set amidst a nineteenth century street that was abandoned and taken over by nature, the human community there relies on the forest for privacy. More than this, though, Hashchi is located among steep hills where there is a permanent risk of landslides, making it relatively unattractive to developers. To get there, you need to do 'a little bit of parkour', Oleksiy Radynski, a filmmaker and writer based in Kyiv, tells me.

Radynski, who has spent the last eight years as part of the Hashchi community, describes the space as 'a place where many subcultures meet'. Radynski's 2016 documentary *Landslide* depicts some of these subcultures; hanging out with Koptev — whose 'trash fashion shows' have been a regular hit at Hashchi — and Vova Vorotniov, a contemporary artist based in Kyiv, who is a key member of Kyiv's countercultural scene. Vorotniov is a core member of ETC (which stands for various things, including 'erase the city' and 'enjoy the city'). Radynski describes them as 'a post-crew or meta-crew of graffiti artists'. The group arranges graffiti workshops and occasionally opens a small equipment shop at Hashchi, or at least did prior to the full-scale invasion.

Both culture and nature emerge spontaneously at Hashchi, which usually has no planned programme of events. Hashchi is a safe space, Dmytro tells me, 'sheltering people from mainstream urban practices'. Radynski has never seen a violent incident there in his eight years visiting. But there are occasional clashes with the garage cooperative who do not see eye-to-eye with the Hashchi community, as well as police raids, which are depicted in *Landslide*. For this reason, Radynski describes Hashchi as 'not a public space, but a hideout'.

During the war, however, the use of this space, as with the other thickets, has changed. Radynski hardly goes to Hashchi anymore, reporting as a photographer and writer from the Kyiv region, and curfews prevent people from gathering at night.

Future Thickets

For Dmytro, the thickets are 'uncontrolled zones which nobody owns; between the cracks of neoliberal space, constructed from both Ukraine's independence epoch, and its Soviet heritage'. Their complicated legal status—often effectively none—means they are constantly in limbo, and the city pretends they don't exist.

But it is clear that human and nonhuman communities depend on each other in the thickets. Like other cities around the world, as Kyiv begins to feel the effects of global warming, the thickets play a role in regulating temperature, filtering dust from the air, retaining atmospheric moisture, and absorbing carbon dioxide. These are key factors that will boost Kyiv's resilience in a warming and weirding world, especially since it continues to be the world's most polluted capital.[6] Hmyrianska describes the thickets as the 'lungs of the city', while Vyrlytsia Lake is known as the 'air conditioner of Kyiv'.[7]

Since 24 February 2022, however, the future of the thickets is now more uncertain than ever. Today, as people are forced to flee russian invaders in the frontline areas of Ukraine, increased construction to home the displaced is likely in Ukrainian cities. Since 2014, many members of Ukraine's activist community, like Ratushnyi, have died fighting russian invaders in the east, or been victims of targeted russian aggression. Several activist projects and workshops have been put on hold as these communities are forced to reorient their efforts towards supporting Ukraine's frontline forces and people injured or displaced by war.

---

6   'Kyiv still tops Air Quality Ranking as most polluted city', Kyiv Post, 19 April 2021, https://www.kyivpost.com/ukraine-politics/unian-kyiv-still-tops-air-q uality-ranking-as-most-polluted-city.html.

7   Olena Panchenko, 'Pryroda chy budmaidanchyk', The Village, 21 September 2021, https://www.the-village.com.ua/village/city/cityplace/315925-zahist-virlitsi-vid-zabudovi.

Once spaces of refuge and relaxation, many thickets are now booby-trapped throughout the Kyiv region, having been heavily mined by retreating russian invaders.[8] Cases of wildlife dying or becoming injured have been widely reported. While the russians may have left the forests of Kyiv, nature has become uncanny in their wake, transforming how people relate to these spaces.

But the war is having unexpected effects, too. Vasyliuk tells me that scientists, unable to travel to their field sites both internationally and within Ukraine, have taken to studying their local ecologies. Vasyliuk is encouraging his colleagues in Kyiv to publish their new research, hoping it will inform the protection of the Kyiv thickets in the future.

While rebuilding Ukrainian cities damaged by war, one challenge will be to view green and grey not in opposition, but as complementary and inseparable. From the Kyiv thickets, we have much to learn.

***

Reflecting on how the war has changed his relationship to the thickets, Dmytro drifted deep into a reflection on his family home in Luhansk, which has been under russian occupation since 2014.

'I wonder what it looks like now, how it's been slowly transformed by nature over the years, and by other dwellers who came to our empty building. I saw some photos in 2017 from my neighbours who care for the house. They showed how our yard has been seized by wild grapes and trees. It's a process of…not destruction, but reclamation. It's important to give nature a chance to create something with this empty space. I'd like to explore all this: the insects and animals, and the new species which have arrived — the new dwellers. I'm trying to imagine the moment after de-occupation, when I'll go to the places of my childhood and see these new thickets, hopefully in the green season, spring, or summer. When it's possible, after our victory, we'll see the thickets at our place together'.

---

8   Daria Tsymbalyuk, 'What Does It Mean to Study Environments in Ukraine Now?' Environment and Society: 12, 2022, https://www.environmentandsocie ty.org/arcadia/what-does-it-mean-study-environments-Ukraine-now.

How Do You Know?[1]

Olena Kozar

Translated from Ukrainian by *Nina Murray*

'Let's play a word game, shall we? I'll start. War. You've got "R"'.

Every spoken word comes with a tiny cloud of vapour. The cold in the underground car park where we are sitting, wrapped in winter parkas and blankets, gets into your bones. The place smells of wet concrete and tyres. The wind whistles round the corners. Somewhere, a dog is barking. It echoes off the thick walls, waking up the other dogs in the car park.

This is our bomb shelter. An underground maze on three levels. I have come down here many times, but I still don't know where all the entrances and exits are. For a while, I used a white car as my landmark, but then its owner decided to leave Kyiv as the Russian troops were right outside the city. The same thing happened to the red car — my next landmark. The car park is emptying out and I find myself at a crossroads more and more often, unsure which way to go.

A mere week ago I wouldn't have thought I'd be hiding in a bomb shelter. That's though everything pointed to the contrary. In the autumn of 2021, Russia had begun massing troops along its border with Ukraine. The media had begun talking about a new invasion, bloodier than the previous one. I didn't believe a major war would start, but I did wait to see what would happen. We all waited. But we clung to the hope — or doubt? — until the very last moment, that war would not break out. We went on living our usual lives, making dinners and planning trips, even as each day began and ended with alarming new forecasts.

---

1 This essay was originally published in *openDemocracy* on 6 October 2022, https ://www.opendemocracy.net/en/odr/hiding-in-an-underground-car-park-in -kyiv-accessing-information/.

'War came to us as soon as we began to wait for it to start', wrote Slavenka Drakulić about the run-up to Croatia's 1991 independence war. The waiting was unbearable. Every day, reporters and various experts 'revealed' yet another Kremlin plan. Every week, there was a new date for the Russian assault. 'How could they possibly know that?' we asked each other, even as we glanced at the calendar.

In February, Kyiv's streets filled with rumours and new signs advertising bomb shelters. The city administration urged us all to find the closest shelter. We pretended not to care but studied maps anyway. One night, sitting in my warm, well-lit kitchen, I learnt that the closest bomb shelters were a basement, an underpass and the underground car park. Of the three, the car park seemed the safest. Its concrete walls and the many levels deep underground would protect me from bombs. The thought made me shiver, as if I were already in a frozen dungeon. There were no bombs yet, but in my mind, I was already sheltering from them.

On the morning of 24 February, the imagined became real. I heard the first wails of the sirens, the first dull thumps that crept closer and closer. The new war had begun, the one I had not believed would start but for which I had waited. Once we had recovered from the initial shock, we went down to the car park and sat in the freezing cold, utterly lost.

I remember how eerie the first hours felt in the bomb shelter. Car parks are built for people to park their cars and go about their business. No one in their right mind would stay in a car park all day long, not to mention the night. Unrolling a duvet on the cold cement would mean admitting that war had reached Kyiv. But eventually, exhaustion won. I brought down a sleeping bag. My neighbours did the same.

Now, you wouldn't recognise the car park. Where once there were rows of cars, there are islands of mattresses, blankets and pillows. People wrap themselves in three layers of clothing and watch the news. Someone is eating a sandwich; someone else is listening to the explosions. Everyone desperately wants to know what is happening and what will happen. A neighbour arrives and she seems cheerful, even elated (although she will leave the city in the next few days, just as cheerfully, because her 'nerves can't take it any-more').

She holds up a bottle. 'Would you like some? Cherry liqueur'.

We nod awkwardly. She pulls out plastic glasses, pours us drinks, smiles, and goes on her way round the car park. She knows everyone here. We return to our word game. We've been playing it for half-an-hour to distract ourselves, but our minds won't let go of what's happening above ground.

'Republic — crab — bazooka — air-raid…'.

It's my turn. I need a word that starts with a 'D' but I'm stuck on the air raid. The silence stretches; no one is eager to continue the game. Eventually, we all pull out our phones. To go 30 minutes without checking the news is a lot.

'Remain in the bomb shelters. Today they will hit Kyiv with everything they have'. That's the news this morning. The news it-self is a strange mix now. There are photos and messages on Tele-gram, information campaigns, online attacks that we are not yet used to. Someone knows someone in the military. Someone has said something. Someone has seen a tweet by a senior government offi-cial. Kyiv will be erased from the face of the earth, that is certain. How can they possibly know, I wonder. But sickening doubt clouds my tired mind. What if it's true? I feel a cold weight settle in the pit of my stomach; my feet go numb. The chilly car park has nothing to do with it. The cold dread is inside me. They will be bombing Kyiv today, just wait.

Messages flicker on my phone screen. Everyone I know has read the same news and is rushing to tell me how bad things are. I go from numb to angry. Do they think I haven't read the same news? I tell myself, 'They are just worried about you'. But every message makes the threat more real.

'They say Kyiv will be bombed today', writes a friend, yet an-other to convey the fateful prediction.

'How do you know?' I ask, desperate.

These first feverish days of the invasion overflow with infor-mation. We read everything we can get, we question everything, then we read some more. You would think the more information the greater the chance of finding the truth. In fact, more information just means more rumours, more fears, more hopes and more mis-leading theories. All of it becomes like a giant word game. What's the first letter of the truth? What's the last letter of lies? What awaits us all when this game ends?

The news comes in: 'We have learned from reliable sources of a possible missile attack tonight'. I remind myself to breathe. Breathe in, breathe out. There has been news like this before and nothing happened. Breathe in, breathe out. If the sources are so re-liable, why don't they say who they are? Breathe in, breathe out. I no longer know if I'm looking for the truth or for consolation. What I want, as I sit in the icy labyrinthine car park, is for someone to take me by the hand and lead me towards something solid, something that cannot be doubted. I want someone to say, 'Everything is going to be OK, I'm certain of it'. I wouldn't ask how they know.

This is how people start buying into all that rubbish on TV, isn't it? The announcer's confident voice cuts through the uncer-tainty and helps you make sense of life as we now live it. Someone says it wasn't us who started the war. Someone says we're defend-ing our people. The whole world is against us, but you and I — on either side of the TV screen — we know what's really going on. Have no doubt, the truth is on our side. God is on our side. And before you know it, you find yourself inside your very own hermetically sealed car park, bounded by thick walls of lies. The illusion of knowledge sets like cement in your mind and it gets harder and harder to step out into the uncertainty of the unknown.

'Everyone says Kyiv will be bombed today. How are you? Have you heard anything?' people I know, who have left the city, ask me.

I've heard a dog bark in the car park, I think. That's about it. We are in the eye of the storm. Everyone, from China to the United States, is talking about Ukraine. The irony is that we, the protago-nists of the story, have no idea what is happening and we crave that knowledge as if it can save us. Our underground car park might as well be underwater, the waves crashing around us; with no one able to tell if they're bearing us to the jagged rocks or to safe har-bour. If only someone all-knowing would come round the corner and tell us what is really going on! But what if our habit of doubt is so strong we do not believe him? What if we gave him a strange look and asked: How do *you* know?

Neighbours rush past us, dragging suitcases. Material goods no longer matter, that's what everyone says, but their suitcases are filled to bursting. I too have an over-full suitcase, just like that, upstairs.

'Are you staying?' they ask. There is fear in their faces. They too have read the news. Kyiv is getting bombed today...

'Yes', we nod. 'For the time being'.

'Good luck', they say with a nervous laugh and hurry on. Faster, faster, heading west. Perhaps they have family there who will take them in. Perhaps they will drive to the first gas station, stop for a coffee and a cold hotdog, look at each other and ask, 'now what?' In these days marked by constant fear, the destination does not matter, only the direction of movement. West, west, away from the war.

We listen in silence as the sound of suitcase wheels fades. Is that the growl of jet bombers above our heads? Hope starts to leak away. What if the neighbours who just left knew something? What if we are wasting the little time we still have to escape? Every hurried departure, every sound of suitcase wheels seems to bring the enemy army closer. The closer the Russian troops to the city, the faster life pours out of it. I want to run after them, stop them and ask, 'Why are you leaving? How do you know it's time?' Then again, perhaps I just want to plead with them. 'Please stay!'

'I'm going for a walk', I say. My muscles are numb from the long, tense period of sitting. My skin itches under my two sweaters. I know it is not safe to go out into the street, but I can't stand the stale air of the car park any more. I go to the exit, inhale the cold February air. Kyiv has never been so dark and quiet. Not a window is lit, not a bus rumbles by. The city is cowed, waiting for the big hit.

'How are you?' messages a friend. She is perhaps the only one of our circle still in the city. Every time I talk to her I dread her saying that she too has decided to leave.

'I'm hanging in there', I write back to her. 'How are you?'

'I'm in Kyiv', she answers the question I didn't dare ask. 'Are you here too?'

'Where else! We'll go have coffee one of these days', I try to joke, practically weeping with relief. My silent wounded city has not emptied out completely. There are still people behind those darkened windows, listening to the news, doubting everything, still believing we will prevail.

I go back into the shelter, wrap myself in a blanket, pick up my phone again. I should save battery life but I keep reading. The two men on the bench next to me are talking softly. Instinctively, I listen. What do they know? And how? I no longer ask myself if it's true. I only ask whether I can endure this. Today Kyiv will be bombed...Today Kyiv will be surrounded...Today is still here, but there will be no tomorrow...How many more of these scenarios can I take? Would I be able to remain calm, to wait and see whether this new prediction comes true or turns out to be another lie?

We are taught to think critically. To make informed decisions. In the chaos of the invasion's first days, I started to question whether that was even possible. We are lost, frightened. We don't know anything. Sometimes I think that I can only trust my ears, but they don't always hear the truth either. They hear explosions. 'A hit', we tell each other in low voices. 'A hit', echo the news channels. Who was it? Us? Them? What was it? Did we shoot it down? Or did it hit the target? The only sound I can trust is the beating of my heart. Perhaps it is enough for now.

'Should we go on playing? What was the last letter? "D"?' I bite my tongue before I say 'despair'.

I say: 'Deer. Ok. You've got "D" again'.

On Which Side?[1]
Phoebe Page

As if struck by lightning, the scorched bark splinters, twists, and warps in horribly unnatural ways. It is terrible to look at. I realise this was probably the sculptor's intention.

'I made this for Ukraine', Peter tells me. Each summer, the retired art teacher hosts an exhibit, and this year's proceeds will go to a local charity supporting refugees.

The room is packed with Peter's paintings, posters, and personal belongings. No wall or floor is left bare. We stand shoulder to shoulder, admiring his latest piece. Behind the sculpture 'for Ukraine' hangs a pen-and-ink drawing: a delicately sketched dove circles the bold outline of a symbol at once familiar and distant, recalling sit-ins and marches long before my time. I stare at the peace sign. Never before have I considered its trifurcate form. Now, I see a trident, inverted and encircled.

Peter follows my eye. He smiles. 'As you might have guessed, I'm something of a pacifist'.

I turn to him. 'Does that mean you are against arming Ukraine?'

Peter keeps smiling. He does not reply.

***

'It's not common to talk about the war here. People try to distance themselves as soon as they hear where I'm from. It ends the conversation immediately'.

Sasha looks down at her lap. The tiny webcam distorts the space between her face and laptop, shortening the last stretch of distance between us.

'Sometimes I feel strong and motivated to keep talking about the war. But other days I feel like my voice means nothing. I keep shouting and no one listens. Our allies send us limited weapons deliveries. Just enough so we can fight back. But not enough to take

---

1   This essay was originally published in *openDemocracy* on 6 October 2022, https ://www.opendemocracy.net/en/odr/ukraine-russia-disinformation/.

back our territories. And to suggest Ukraine gives up some of its territory…it crushes everything I believe in'.

We are speaking days after another 'expert' published an article proposing exactly that. Dozens of similar suggestions have appeared in the western media, naïvely arguing that supplying weapons to Ukraine will prolong the war.

'In the country where I'm living now, the government is so loud about every tiny thing concerning people's comfort. They do not understand we had the same happy life in Ukraine before the full-scale invasion. They do not understand how fragile their comfort is'.

***

Inside the exhibit, people are swilling rosé and discussing how wonderful it is that art can be put to such good use. They look remarkably comfortable.

I used to come here for Peter's weekly classes. I can still hear his teacher's voice; the authoritative counsel administered in short, sharp soundbites as he strode about the room appraising our work.

'Revel in the ambiguity'. This was a favourite. 'There is no black, only varying degrees of shade'. Like most art teachers, Peter forbade his students from mixing colours with black. We were lectured on the intricacies of light and dark, on how to blend charcoal to create the perfect graduated shade.

Peter told us to 'make use of the negative space' – the space around and between the subject of an image. Peter's go-to example for new students was Rubin's vase, the optical illusion where the curves of a vase suggest the outline of a forehead, nose and mouth on either side, bringing two profiles face-to-face in an awkward stare-off.

Negative space, Peter goes on, is defined by its relation to the subject. It has none of its own defining details, but the eye invites the mind to fill in the blanks.

***

'I'm tired of correcting colleagues' use of the word "conflict"', Sasha says. And she looks it. Her gaze is down. The lines around her eyes – incrementally inscribed by an instinctive impulse to smile in almost every scenario—have been overtaken by a creeping bruising, the colour of worry and exhaustion.

'I'm sick of hearing their latest theories. The US this, NATO that. Not everything is about their academic debates. We're fighting for our existence. Edging a Ukrainian flag into your username doesn't give you the right to say stupid shit'.

A new thought crosses Sasha's face and she smiles. 'Actually, did you see that tweet the other day? The one asking if people 'understand how bad things are getting in Germany?' The widely retweeted—and widely ridiculed—post rings a bell.

'Of course, I understand people are worried about rising prices and energy shortages. But complaining about how difficult life is in Germany and then blaming what's happening "in Ukraine"—it's like, hello! We didn't choose to start being murdered! Things are pretty "bad" for us too. It makes me laugh that people have so little self-awareness'.

We joke about 'Westsplaining'—about the pundits and academics who condescend to explain the situation in Eastern Europe. Sasha has an infectious laugh, the perfect antidote to all the crap contaminating our newsfeeds. They say Ukrainians are among the world's most inoculated groups against misinformation. I marvel at the humour boosting Sasha's natural defence.

***

I leave the exhibit with Carol. She asks what I think of Peter's sculpture 'for Ukraine', and I recall our brief conversation. Or rather, I recall Peter's silence. The jarring dissonance of the whole interaction hits me again.

Carol considers for a moment.

'Which side were you on?'

'Excuse me?'

'On which side of Peter? You do know—he's deaf in his left ear'.

***

The parts of a story we choose to tell are as important as the parts we leave out. Peter did not answer my question because he did not hear me. I do not know if he is against arming Ukraine, but what I inferred from his silence — and what the reader was encouraged to infer from my retelling — is that he was, indeed, critical of military support.

In russian propaganda, narratives are crafted from what is left out. When propagandists cite 'referendums' or the 'will' of the people, they fail to mention the vote rigging, persecution and brutal intimidation which accompany so-called referendums. While discussions about culture and history are littered with adjectives like 'common', 'shared', and 'fraternal', nouns such as 'violence', 'cultural repression', and 'forced assimilation' are nowhere to be seen. These absences confirm historian Ronald Suny's dictum that the first casualty of war is not only the truth, but also 'whatever is left out'.

In false narratives about the historical 'unity' of Russians and Ukrainians, defining details are erased and negative space reigns. 'Objects' are drawn in relation to the 'subject'. The oppressed is defined by its relation to the oppressor, but that crucial context is deliberately omitted. Audiences are left to 'fill in the blanks' for themselves. Those not familiar with the centuries of russian colonial violence against Ukraine will rely on their own frames of reference to fill these blanks. From old-school Realism to radical pacifism, they will apply outdated theories of international relations to explain russia's aggression in ways that make sense to them. Or worse — they will buy into alternative versions of 'history' so eagerly offered by the kremlin.

***

Unfortunately, the negative space observed in russian propaganda continues to exert influence in western media narratives. In the most immediate sense, this takes place at the level of language.

Words such as 'conflict' or 'war in Ukraine' remove the aggressor from the picture. In doing so, they remove any acknowledgement of responsibility or blame. Naïve slogans like 'No war', usually written in russian, weaponise pacificist narratives used by russian propaganda to blur the divide between good and bad, to redefine values and sow doubt in the truth. 'No war' does not specify which war it is, who the aggressor is, or what one can do about it. Such language revels in the grey space, the graduated shade — in deliberate, dangerous ambiguity.

Language also confounds questions of agency. While 'war in Ukraine' removes the aggressor, phrases like 'war over Ukraine' reduce Moscow's indefensible acts to a 'proxy' war between russia and external foreign actors. Tired excuses about NATO 'expanding' or the West 'provoking' putin endow external actors with total agency, turning a deaf ear to the active desire of countries to *join* international alliances, as well as their right to do so. Where some look at Rubin's optical illusion and see the vase as the subject of the image, others see only undefined negative space between two faces on either side. In the Westsplainer's view, the faces are the real 'subjects' of the image and the vase a mere 'object', a 'buffer zone' between two more significant players.

And yet, whichever way you look at Rubin's optical illusion — whether you see the vase first, or the faces, or you've now spent too long looking at the bloody thing to remember which jumped out first — you are regarding the two-dimensional image from the outside. If you can see a vase and two faces, you are necessarily standing outside the frame, looking in. Your position will have shaped your perspective.

The most significant 'negative space' dominating false narratives about Ukraine is the absence of Ukrainian perspectives.

***

Sasha reaches down for a drink. The blue and yellow of her brightly painted nails are momentarily refracted in the glass.

'I wouldn't exactly call it a positive thing about the war, but I'm learning so much right now about Ukraine, about our history and culture. I've learned how subjective history can be'.

Most of us recognise the limitations of knowledge. We accept our perceptions are shaped by context and constrained by lack of proximity. By now, many foreigners are aware of the need to amplify Ukrainian voices when discussing the war, and with millions of Ukrainians sharing their stories across social media platforms, it is difficult to find reasons not to.

The kremlin, however, is working hard to provide those reasons. By blackmailing governments over gas and grain, by planting bots to flood our newsfeeds with disinformation, russia is targeting our weak spots in a desperate attempt to break western unity. The kremlin welcomes division among western liberals and laments calls to *listen to* Ukrainians. It smiles when the non-interventionist left champions pacifism over protecting freedoms, and curses when those bearing the brunt of such hypocrisy expose its contradictions: appeasement—a brief glance at recent history will quickly reveal— serves only to embolden and escalate, yet appeasers rarely find themselves in the firing line of russia's ramped-up aggression. As journalists reporting in front of that line suggest, pacifism is a privilege for the peaceful and the empowered. By failing to acknowledge the perspectives that shape our understanding, we fall into propagandists' hands.

There are times when subjectivity is not required; when the existential threat must be recognised for what it is, when evil must be called evil, and any ambiguity or 'graduated shade' rejected outright. As russian propaganda attempts to lure us towards the more agreeable realm of uncertainty—'surely, we couldn't have seen this coming...?'—we must confront the uncomfortable truth that ignoring Ukrainian voices in the past has contributed to where we are today. It is only by listening and learning that we can confidently call out colonial aggression for what it is; that we can see russia's acts of torture, rape and massacre for what they are; that we can describe the intent to wipe out a group of people by the word no one wants to hear.

***

'My hometown was bombed again last week'. Sasha pauses. 'I had a work event the same day. I was trying not to think about my friends, my relatives, my city. Then some guy asked me: "Is there still a war in Ukraine?" I couldn't believe it. In that moment I realised, whether people want to or not, we have to keep talking about the war. Because the second we stop talking about it, that's it — the world will simply move on'.

I think back to the front pages over the last few months: invasion — shock; massacre — outcry; war crimes — helplessness; more war crimes — fatigue; inflation… — silence.

'The speed at which people get used to those headlines…it takes my breath away'. Sasha is talking about the people trapped in occupied territories. Her speech grows faster and faster.

'I've been hosting a mum and daughter from Mariupol. The most terrifying thing, they said, wasn't the explosions, or the mass graves, or even the body parts lying on the roads. The most terrifying thing was living without access to information. You are trapped in the city, with no access to signal, no news from the outside. You have no idea if your relatives are dead. All you can do is hope that Ukrainian forces break through and rescue whoever is still alive. The russians have bombed the phone lines and taken control of the radio, so all you hear is their lies. And when they say, "you're surrounded, no one is coming to save you, you have no choice but to surrender" — there is absolutely no way of knowing if that's true'.

Sasha takes a breath. 'It's psychological torture. They are starving people of information, shelling them into submission, waiting for them to break'.

***

In the hyper-online world where most of us watch russia's war in Ukraine unfold from a distance, there is little information we cannot access. But having access is not enough. The most important thing is what we choose to do with that information.

Reading an earlier draft of this piece, a British friend asked, 'what is the word no one wants to hear?' I had fallen into the echochamber trap of thinking everyone's Twitter feed was filled, like mine, with the same word: 'genocide'. Had my friend not heard about the kremlin's consistent denial of Ukrainian identity, about the 'filtration camps' Ukrainians are being deported to, or about putin publicly inciting the elimination of Ukrainians as a people? 'I listen to the news', she said. 'But it's so hard. Sometimes I turn it off'.

As with Rubin's optical illusion, all the information we need is in plain view, but so often our eye goes elsewhere. Whether we struggle to make sense of the shapes, or we simply choose not to see them, this information hovers in the undefined negative space that allows us to acknowledge its presence while diverting attention elsewhere.

These blindspots allow us to take up contradictory positions, revelling in our own ambiguity: asking for peace yet refusing to arm; calling ourselves allies while refusing to listen.

The experiences shared from Ukraine ask us to step out of our position and consider events from another side. Peter's sculpture was difficult to look at because Peter knows terrible things are terrible to look at. And when we are overloaded with too many of the same stories, we disconnect. This is the media fatigue putin is counting on — it is the deaf ear we turn — and it is far more powerful than any propaganda the kremlin is pushing. The only antidote to these informational black spots is not fact-checking, but listening.

Українська лабораторія:

глобальна безпека, довкілля, та дезінформація через призму України

За редакцією Саші Довжик

Передмова Рорі Фінніна

Зміст

Передмова
Рорі Фіннін

Переклад *Саші Довжик*

На початку травня 2022 року російська ракета увірвалася в садибу XVIII століття, розташовану серед гаїв і пташиного співу у селі на сході України. У приміщенні розташовувалася невелика бібліотека та музей, присвячений легендарному українському філософу Григорію Сковороді (1722–1794). Це був навмисний, цілеспрямований удар. Стіни завалилися; вогонь швидко охопив приміщення. На диво, ніхто не загинув.

Наступного ранку Інтернетом ширилися фотографії руйнувань – ще одне свідчення геноцидної війни росії проти українського народу, його ідентичності та культури.[1] Але в цих образах було також щось більше за трагедію, щось зворушливе й наснажливе. Серед густого диму й обвугленого бетону чітко виднівся великий пам'ятник самому філософу Сковороді, пошкоджений, але нескорений.

Символізм простий і вражаючий, і його суть лежить в основі цієї книги. З жахіття жорстокого, нічим не спровокованого вторгнення проростає досвід непокори. З туману війни виринає філософія. За Сковородою, який ніколи не стояв на місці, сили невігластва й агресії зрештою корилися перед тими, хто сповідував радикальну відданість ідеям діалогу та солідарності.

> «Неправда пригнічує і протидіє, – писав він, – але тим більше бажання боротися з нею».

Книга «Ukraine Lab» практикує цей діалог і солідарність; вона бере участь у цій боротьбі. Есеї, зібрані тут за редакції Саші Довжик, є продуктом новаторських воркшопів і розмов між

---

1 Після повномасштабного російського вторгнення в Україну багато українців і українок, українських союзників і союзниць відмовилися писати назву держави-агресора з великої літери. Тексти «Ukraine Lab» дотримуються вибору авторок та авторів у цьому питанні.

шістьма авторками та авторами з України та Великої Британії на початкових етапах кар'єри. Вони пишуть про втрату, травму та шанс на правду у світі, що вийшов з ладу. Фотографії Мстислава Чернова супроводжують кожен есей, вказуючи на обмеження документації та репрезентації у воєнний час.

Після Чорнобильської катастрофи поет Іван Драч (1936–2018) писав: «Я заздрю всім, у кого є слова. Немає в мене слів... мовчання тяжко душу залива. Ословленість – дурна і випадкова». Кожен есей долає парадокс Драча, застосовуючи дорогоцінне, важко здобуте вміння: слухати. Переклади Ніни Мюррей англійською та українською мовами – взірцеві. Від голосів невтомних волонтерів та волонтерок до шуму зелених хащів – письменниці та письменники, перекладачки й перекладачі книжки «Ukraine Lab» уважно слухають і закликають нас робити те саме.

Ми чуємо настійне запрошення: не лише вивчати Україну, а й вчитися в України. Як пояснює Саша Довжик, ці есе позиціонують Україну як «призму», через яку можна по-новому зрозуміти глобальні проблеми: дезінформацію, упертість імперії, нестримне зловживання нашим довкіллям. Пропонуючи нам доступ до активного громадянського суспільства, що спрямоване на діалог, солідарність і правду, вони також подають Україну як призму для винайдення рішень.

Одним із видів зброї, застосованими росією у війні проти України, було наше невігластво. Однією з цілей росії залишається наше знання. Збірка, яку ви тримаєте в руках, – це барикада. Нехай вона також стане напрямом нашого контрнаступу.

Українська лабораторія:
Уроки з лінії фронту
Саша Довжик

Коли йдеться про глобальні виклики у сферах екології, інформації та безпеки, Україну часто називають лабораторією Вона – місце найстрашнішої ядерної катастрофи в історії, головна мішень кремлівських ботоферм і дезінформаційних кампаній, країна, яка призвела до розпаду Радянського Союзу та протистояла його неоімперіалістичній наступниці. Україна першою стикалася і подекуди запускала процеси з глобальними наслідками. За межами України цей факт став незаперечним після повномасштабного вторгнення Росії 24 лютого 2022 року. Застосовуючи все, від ядерного шантажу до використання продовольства та енергоносіїв як зброї, Росія ніколи не воювала лише проти України, хоча саме втрати України у цій війні є найочевиднішими та найспустошливішими.

Повномасштабний наступ Росії став тривожним дзвінком для міжнародної спільноти. Спершу світ шокувала жорстокість агресора, а потім – власне незнання про країну, яка стала об'єктом агресії. Виявилося, що українці не готові здаватися тим, хто начебто має перевагу у військовій силі, ні за сімдесят дві години, як передбачали багато західних спецслужб, ні після багатьох місяців повномасштабної війни. Виявилося, що українці не згодні коритися. Виявилося, що їхня непокора має історію, про яку зовнішній світ мало знав. Виявилося, що сприйняття України зовнішнім світом, як і уявлення про саму Росію, її військову могутність і гуманізм її культури, значною мірою сформовано російськими імперіалістичними наративами. Виявилося, що москвоцентричні сюжети, які володіли світовою увагою, ніяк не пояснювали український спротив.

Сьогодні «прославляти українську стійкість без розуміння її коріння – це ще одна форма нерозуміння країни та її народу,

95

– зазначає письменниця та історикиня Олеся Хромейчук, – корінням цієї стійкості є нетерпимість до імперіалістичного гніту, як історичного, так і нещодавнього».[1] Багатовіковий досвід відбиття смертоносних братерських обіймів Росії перетворив Україну на скарбницю стратегій опору, і перейняти їх – екзистенційна необхідність для решти світу.

Протягом восьми років неоголошеної війни Росії проти України міжнародна спільнота, побоюючись ядерного удару, заспокоювала агресора. Протягом цих восьми років українці попереджали світ про іншу ядерну загрозу – шість із п'ятнадцяти ядерних реакторів країни розташовані в небезпечній близькості від лінії фронту в південно-східній Запорізькій області. Світ нарешті відкрив для себе цю область у березні, коли російські військові обстріляли, а потім окупували Запорізьку атомну електростанцію – найбільшу в Європі. Росія вперше в історії людства принесла війну на об'єкт цивільної ядерної інфраструктури, зберігаючи зброю в машинних залах станції та застосовуючи фізичне насильство та інші форми примусу до її персоналу. Список закатованих окупантами працівників нараховує десятки імен – від водолаза Андрія Гончарука, забитого до смерті у липні, до керівника ЗАЕС Ігоря Мурашова, викраденого у жовтні, проте звільненого невдовзі завдяки безпрецедентному міжнародному тиску. Станція працює під регулярними обстрілами з боку Росії та з постійними перебоями водопостачання та струму. Радіоактивні шлейфи відомі тим, що не враховують державних кордонів: якби трапилася аварія на мілітаризованій АЕС, то її наслідки не обмежилися б територією України.

Росія обрала прицільне завдання шкоди навколишньому середовищу одним із засобів ведення війни. Взимку 2022 року, під час вторгнення в Україну з Білорусі, російські війська пройшли через Чорнобильську зону відчуження. Копання

---

1   Olesya Khromeychuk, 'Where is Ukraine?', *RSA Journal* 2:2022, pp. 26–31 (p. 31). Формат посилань на джерела з англомовної частини книги збережено в україномовній частині.

траншей у Рудому лісі, одному з найнебезпечніших могильників ядерних відходів у світі, показало, що росіяни не знають основ радіоактивної безпеки, так само як і базових фактів пізньорадянського минулого. Натомість для України трагедія Чорнобиля – топос колективної пам'яті, де навіть набуття державної незалежності пов'язане з ядерною історією. Приховування катастрофи Кремлем у 1986 році стало потужним поштовхом для мобілізації українського суспільства екологами та дисидентами, що спромоглися похитнути підвалини радянської влади. Через five років після катастрофи українці проголосували за вихід із Радянського Союзу. Для росіян відсутність екологічної свідомості йде пліч-о-пліч із загальнонаціональною амнезією щодо генеалогії російського імперіалістичного проєкту.

Навесні та влітку 2022 року російська військова кампанія включала підпал тих українських полів, що полонили уяву диктаторів у XX столітті: Сталіна, який знищував українців під час Голодомору 1930-х років, конфіскуючи їхню сільськогосподарську продукцію, та Гітлера, який боровся за контроль над високоврожайною українською землею. З моменту здобуття незалежності у 1991 році, Україна, маючи близько 25% світових запасів чорнозему, робить значний внесок у глобальну продовольчу безпеку. Російська війна завдала шкоди не лише зерну, яке Україна зазвичай експортує до Африки та Близького Сходу, а й складним екосистемам українських степів, на відновлення яких можуть знадобитися роки. Супутникові зображення показують воронки від снарядів на полях сходу та півдня України, де тривають важкі бої. Найродючіший ґрунт континенту переораний окопами та забруднений токсинами від ракет. Російське вторгнення створило найбільше мінне поле у світі – його площа (250 000 квадратних кілометрів) перевищує площу всієї Великої Британії.

Восени 2022 року ескалація ядерного шантажу Росії йшла паралельно з обстрілами та мінуванням дамб і гідроелектростанцій, що загрожувало Україні катастрофічною повінню. Щоразу нові промислові об'єкти, станції з утилізації відходів, нафтосховища, хімічні заводи були цілеспрямовано пошкоджені та знищені, результатом чого стали викиди отруйних речовини та забруднення української води, повітря та землі.

У 2021 році, ще до скоєння Росією злочинів проти навколишнього середовища в Україні, група незалежних експертів запропонувала внести новий, п'ятий тип злочинів до Римського статуту Міжнародного кримінального суду – злочин екоциду, тобто «незаконні або необдумані дії, вчинені з усвідомленням того, що є суттєва ймовірність серйозної, широкомасштабної або довгострокової шкоди навколишньому середовищу, спричиненої цими діями».[2] У двадцятому столітті два центральні міжнародні злочини були введені в юридичний лексикон юристами, які навчалися в Університеті Яна Казимира в нинішньому Львові, західній українській фортеці. Обидва правники втратили сім'ї під час Голокосту й відіграли значну роль у Нюрнберзькому процесі. Ці юристи – Герш Лаутерпахт, автор концепції злочинів проти людяності, і Рафаель Лемкін, автор концепції геноциду. Сьогодні український досвід знову, ймовірно, стане поштовхом до остаточної зміни нерегульованої сфери міжнародного кримінального права і змусить нас, за словами лідера експертної групи Філіпа Сендса, «мислити за межами людського» у сфері права.[3]

Українська історія довкілля, над якою тяжіє Чорнобильська катастрофа, змінила ставлення людей «атомної ери» з її нематеріальними та невидимими небезпеками до самої реальності. За словами дослідниці культури Тамари Гундорової, «чорнобильська трагедія загострила сприйняття віртуальних вимірів», зруйнувавши нашу довіру до людських почуттів, таких як нюх і зір, не

---

2   'Legal definition of ecocide', Stop Ecocide, https://www.stopecocide.earth/leg al-definition.
3   'Philippe Sands on international law, and its future', Thinking in Dark Times (episode 3), 31 October 2022, https://ukraineworld.org/podcasts/ep-154.

кажучи вже про нашу віру в об'єктивну реальність і факти.[4] Ця тисячолітня ядерна свідомість стала благодатним ґрунтом для ідеї «постправди», розквіт якої прийшовся на 2010-ті роки.

Протягом останнього десятиліття міжнародну спільноту вражало використання Росією інформації як зброї. Підготовка до президентських виборів у США 2016 року, глобальна боротьба з пандемією 2020 року, бомбардування громадськості повідомленнями, які підривають саму концепцію правди, вплинуло на транснаціональну політику. Однак саме в Україні 2014 року Кремль випробував цю тактику гібридної війни, оприлюднивши, аби нейтралізувати міжнародну реакцію, безліч неправдивих висловлювань про країну, у яку Росія вдерлася. Від підживлюваних антисемітизмом фантазій про те, що українці розпинають російських дітей, до змалювання сил українського опору як симпатиків нацистів, російська армія тролів вигадувала дикі сюжети, які б прийшлися до вподоби правим, лівим і центристам. При цьому вона забруднювала інформаційний простір так, аби спроби розібратися в ньому видавалися негігієнічними для випадкових перехожих. Як пише Пітер Померанцев у книзі «Це не пропаганда», «якщо ідея об'єктивності дискредитована, підстави, на яких можна було б аргументовано сперечатися з [Кремлем], зникають».[5] Компрометація ідеї об'єктивної реальності була одним із факторів, які дозволили Кремлю досягти успіху в 2014 році: найбільше захоплення території в Європі з часів Другої світової війни розглядалося як надто складна проблема, щоб намагатися в ній розібратися. Закривання очей і умиротворення агресора відкрили шлях для повномасштабного вторгнення в Україну через вісім років.

Сьогодні дезінформаційні кампанії Кремля намагаються перекласти відповідальність за стрімке зростання вартості життя, цін на енергоносії та відсутність продовольчої безпеки

---

4   Tamara Hundorova, *The Post-Chornobyl Library: Ukrainian Postmodernism of the 1990s*, trans. by Sergiy Yakovlenko (Boston: Academic Studies Press, 2019), p. 30.

5   Peter Pomerantsev, *This Is Not Propaganda: Adventures in the War against Reality* (London, Faber & Faber, 2019), p. 123.

з Росії на Україну, підриваючи в такий спосіб глобальну рішучість щодо притягнення агресора до відповідальності. Розпочавши відверто імперіалістичну війну, Росія тепер використовує антиколоніальну риторику, щоб підірвати міжнародну солідарність. Оскільки ми переживаємо період спричиненої Росією економічної кризи, цінність українського досвіду протидії інформаційній війні Кремля більше не можна відкидати. Настав час присвятити всю нашу увагу українським поглядам на події.

Есе цієї збірки досліджують глобальні виклики у сферах довкілля, інформації та безпеки крізь призму України. Вони постали в результаті письменницької онлайн-резиденції Ukraine Lab, яка відбулася влітку 2022 року й об'єднала шістьох письменниць і письменників з України та Великої Британії на початкових етапах кар'єри. Протягом шести тижнів вони працювали у трьох тематичних парах над текстами в жанрі творчого нонфікшну, висвітлюючи український досвід за допомогою мистецтва сторітелінгу. Візуально ці роботи інтерпретував український фотограф Мстислав Чернов. Свої потужні світлини, відзняті на нульовій точці російського вторгнення, він обробив, осмислюючи есеї Ukraine Lab.

Софія Челяк в «Українській лотереї» описує перші дні повномасштабного вторгнення та придивляється до тих дивовижних українців і українок, які відмовляються від готової моделі жертви та протистоять ворогові, озброєні почуттям гумору та прагненням перемоги. Зворушливе есе Кріса Михайловича під назвою «Украдений Луганськ» нагадує, що загарбницька війна Росії почалася не 24 лютого 2022 року й триває вже вісім років. У есеї «Чорне, біле та безбарвне» Катерина Яковленко розповідає історію спустошеного війною промислового регіону на сході країни через елементи, що його сформували – вугілля, сіль і газ. У «Київських хащах» Джонатона Торнбулла йдеться про дикі та дивні зелені зони столиці України, що часто лишаються непоміченими, проте вони сповнені політичного потенціалу. Есе Олени Козар «Звідки ти знаєш?», події якого розгортаються у підземному паркінгу та в точці сприйняття мінливих новин під час битви за Київ, – це гострі роздуми про наслідки перенасичення інформацією. Робота Фібі Пейдж «По який бік?» викриває маніпуляції нашою увагою та емоціями, та водночас закликає західну аудиторію почути українські голоси серед шуму російської пропаганди.

Есей «Театр війни» авторства Олесі Хромейчук відкриває збірку та ставить нагальні питання про споживання насильницьких і травматичних історій країни, яка бореться за своє право на існування. Її висновок містить ті неоціненні уроки, якими українці можуть поділитися зі світом: «по-перше, розповідаючи про війну, я повинна робити це для того, щоб наблизити зміни – перемогу України, тривалий мир і справедливість. По-друге, проживаючи розповіді про війну, я повинна приймати свою роль свідка з почуттям відповідальності за те, що я засвідчую, і спрямовувати його, щоб наблизити зміни».

Читачок і читачів, авторок й авторів цієї збірки об'єднує привілей і нещастя жити в значущий історичний момент. Україна бере участь у битві за виживання, але не лише українського народу, а й майбутнього демократії в усьому світі. Чи переможе демократія над тиранією, що посилена ядерною кнопкою та має на меті знищення цієї демократії? Не дивлячись на інші важливі внески у справу української перемоги, чи їх відсутність, ми всі є свідками цієї боротьби. Ми несемо за це відповідальність.

Театр війни[1]
Олеся Хромейчук

«Ця фотографія має чутливий вміст, який деяким людям може здатися образливим або тривожним», – фраза, яку я часто бачу, коли гортаю стрічку своїх соціальних мереж. Фотографія розмита, а замість неї з'являється малюнок перекресленого ока. Соцмережа захищає мене від зображень війни.

П'ять років тому на іншій платформі я побачила світлину свого брата великим планом. Він доєднався до лав Збройних сил України як доброволець і загинув на фронті. Не було ні розмиття, ні малюнку перекресленого ока, натомість червоним маркером було перекреслене обличчя мого брата. Це зображення було образливим і тривожним водночас. Якби воно було розмитим, чи я б усе одно натиснула на фото, щоб побачити його без розмиття? Підозрюю, що так. У підписі було зазначено повне ім'я мого брата та напис російською мовою про те, що «українського карателя» було знищено такого-то дня – дата загибелі мого брата в бою на Луганщині.

Я чомусь зробила знімок екрана цієї публікації. Можливо, я керувалася навичками історикині, які передбачали, що все має бути збережено як частина історичного архіву, незалежно від того, наскільки ці документи тривожні чи образливі. Зображення обличчя мого брата, перекреслене червоним, не тільки залишилося збереженим на жорсткому диску мого комп'ютера, але й назавжди закарбувалося в моїй свідомості.

У своїй академічній роботі я спеціалізуюся на історії Другої світової війни. Понад десять років я брала інтерв'ю у ветеранів і ветеранок та проаналізувала чималу кількість архівних документів, пов'язаних із Другою світовою. Мова політичного насильства була мені знайома, а історії про війну, які я споживала, часто викликали у мене зворушення чи

---

1   Статтю вперше опубліковано під назвою 'Putin's regime is banking on wes-tern Ukraine fatigue' («Режим Путіна розраховує на втому Заходу від України») у *Prospect Magazine* 17 вересня 2022 року.

занепокоєння, проте здебільшого я сприймала їх як дослідницький матеріал. Однак 2014 року мій світ сколихнула нова війна в моїй країні. Через кілька років на ній загинув мій брат. Я більше не споживала війни інших людей – тепер війна поглинула мене.

Тепер історія моєї родини могла додати людський аспект до мап полів битв. Смерть мого брата могла надати глибини безособовій кількості жертв.

Все почалося з некрологів. Саме їхнє існування вже було важко прийняти. Я походжу зі звичайної родини, яка не претендує на славу. Ніхто з нас не очікував би на некролог у газеті. Коли ми готувалися до похорону мого брата в Україні (моя родина понад двадцять років живе у Британії), я почала натрапляти на некрологи в місцевих і національних виданнях. Багато з них були поширені в соціальних мережах. Ті, хто знали, що Володя – мій брат, позначали мене у своїх дописах, ділячись цими текстами. Я читала їх один за одним і незабаром зрозуміла, що в них є певна закономірність і схожа структура.

Після загального опису особи – імені, віку та основних фактів про військову службу – тексти подавали подробиці загибелі. Далі рядок про те, як мій брат любив рідне місто Львів, що вдало перекидало місток до наступного параграфа про повернення мого брата в рідне місто, в Україну, після багатьох років життя за кордоном. Наступний абзац описував це «героїчне» повернення з комфорту Західної Європи, щоб захистити свою Батьківщину.

Я не знаю, чи це «героїчне повернення» було навмисним наративним прийомом, чи ті, хто писали некролог, просто заповнили прогалини між фрагментами життя мого брата, до яких вони мали доступ. Насправді мій брат повернувся не для того, щоб приєднатися до війська. Він повернувся за кілька років до початку війни, втомившись бути іммігрантом і обравши важке життя вдома замість важкого життя за кордоном. Ці некрологи створювали картину героїчної втрати на війні, але вони не зменшували мого горя.

Після некрологів почали з'являтися тексти про загибель мого брата. Серед них були репортажі з похорону разом із фотографіями відкритої труни та моєї родини, яка стояла біля неї. Мені вдалося уникнути наполегливих журналістів, які хотіли інтерв'ю біля могили. Моя мама піддалася деяким із них, і статті розповідали про її біль. Наше горе теж було новиною.

Стати частиною наративу про війну замість осмислювати війну в наративах як зазвичай – дезорієнтувало. Тож у якийсь момент я вирішила повернути собі право на власну історію війни та сформулювати її так, як вважаю за потрібне. Втома від України стала відчутною одразу після початку російської агресії 2014 року. 2017 року, на момент смерті мого брата, Західна Європа цілком забула про війну на сході України, і я подумала, що моя особиста розповідь може стати нагадуванням про те, що на іншому боці Європи людей все ще вбивають, катують і депортують.

Я почала з написання документальної п'єси, адже для мене театр завжди був потужним інструментом для передачі складної інформації. Особливо ефективним із цієї точки зору був документальний театр, тому що він має силу перетворювати глядачів на свідків, нехай і не самої війни, а чийогось досвіду війни.

Аналізуючи фотографії, що зображують війну, Сьюзен Зонтаг у праці «Дивлячись на чужі страждання» пише, що світлини.

> «є засобом, що надає матеріалу "справжності" (або "більшої справжності") в очах тих, хто через свою привілейованість і перебування у безпеці може обрати не бачити цих речей».[2]

Те ж можна сказати й про документальний театр. Він має здатність перетворювати глядачів у спільноту людей, яка, висловлюючись словами Зонтаг, «включатиме не лише симпатиків маленької нації чи народу без держави, який бореться за життя, але й набагато більшу групу – тих лише номінально стурбованих якоюсь неприємною війною в іншій

---

2   Susan Sontag, 'Regarding the Pain of Others', *The New York Times*, 23 March 2003, https://www.nytimes.com/2003/03/23/books/chapters/regarding-the-pain-of-others.html.

країні». Як і фотографії для Зонтаґ, документи як частина театральної вистави можуть спонукати до свідчення.

Працюючи над п'єсою, я міркувала, свідками чого саме я хочу зробити моїх глядачів. У мене була історія мого брата і деякі документи, зокрема зняті на його телефон відео з фронту. Поєднавши фрагменти життя мого брата предметами та історіями, я назвала виставу «Все, що залишилося». Залишаючи світло в театрі увімкненим, аби наголосити на присутності глядачів, актори та акторки передавали деякі з цих артефактів глядачам: рукописну автобіографію мого брата, яку він подав у військкомат, малюнки школярів для солдатів, та інші документи, які я знайшла серед його речей. Таким чином, ми створили фізичний контакт між світом театру та світом війни. Ми створили простір, у якому глядачі могли побачити, як війна в забутій частині Європи може кардинально змінити життя родини в мирному Лондоні, що далеко від окопів. Наші глядачі потрапили в зону бойових дій, перебуваючи у безпеці театру. Ми сподівалися, що ця близькість до війни, створена мистецтвом, не дозволить їм перемкнути канал наступного разу, коли на їхніх екранах з'являться новини з реальної зони бойових дій.

Написання та виконання цієї театральної п'єси відновило право власності на мою історію війни. Мені вдалося знайти спосіб бути і персонажем, і акторкою другого плану поряд з головною роллю мого брата, і оповідачкою. Я все ще сумнівалась, чи маю я право використовувати історію мого брата як інструмент для посилення обізнаності про війну. Однак оскільки його історія виявилася ефективним інструментом, я продовжувала ним користуватися, і врешті-решт п'єса перетворилася на документальну книжку *The Death of a Soldier Told by His Sister*. Це був мій спосіб навести фокус на розмите зображення України на екранах західних європейців, сказати «аби побачити світлину, натисніть тут», пояснити, що війна не закінчиться лише тому, що ви не хочете бачити її у деталях.

Війна не закінчилася, лише загострилася. 24 лютого 2022 року світ понад 40 мільйонів людей здригнувся, як мій, коли я отримала новину про смерть брата. Ще за кілька тижнів до повномасштабного вторгнення до мене звернулося кілька британських журналістів, щоб я поділилась своїм баченням ситуації. Ці розмови часто починалися з питань, чи я знаю когось, хто перебуває у безпосередній небезпеці: у війську чи в регіонах, близьких до скупчення російських військ біля українського кордону. Звісно, вся країна була в небезпеці, але журналісти шукали одну впізнавану історію. Я змирилася з тим, що мій брат став інструментом для привернення уваги до війни, тому розповідала журналістам про його смерть у 2017 році, наголошуючи, що якщо Росію не зупинити, буде набагато більше таких втрат і розбитих сімей.

Після кількох подібних розмов я зрозуміла, що історія мого брата, можливо, була переконливим наративним прийомом для п'єси чи книги, але його смерть уже не була новиною, тоді як журналісти шукали когось чи щось, що могло б нею стати. Невдовзі російська армія забезпечила наявність достатньої кількості матеріалу для всіх журналістів, охочих робити репортажі про війну. Ціла нація могла розповісти історії про смерть, вимушене переміщення, тортури, приниження, страх і, що часто ставало несподіванкою для тих, хто шукали історії жертв, про нескореність.

У міру того, як російські обстріли міст і сіл прогресували, моя стрічка в соціальних мережах перетворилася на список некрологів – суміш офіційних героїзованих розповідей, схожих на розповіді про мого брата, і роздумів друзів і родин з розбитими серцями. Одні оплакували військових, інші – цивільних. Вони були різними, але кожен текст доповнював архів цієї війни. Ті, хто в братських могилах, не отримували некрологів. Бо як написати колективний некролог? Багато інших зникли безвісти.

Оскільки значну частину цієї війни транслюють майже в прямому ефірі чи то ЗМІ, чи громадськість, засвідчення її далеко за межами фронту здається неминучим. Але, попри повсюдність образів війни, чи, можливо, через їх повсюдність, наші свідчення не обов'язково переростають в поділяння травми й, таким чином, у взяття на себе відповідальності за те, щоб зробити все необхідне для закінчення війни. Повсюдність образів війни радше примножує втому від війни. Ті, хто висвітлюють війну, добре усвідомлюють необхідність залучення аудиторії. Але як робити репортаж про маленьке село, обстріляне росіянами, після зрівняння з землею Маріуполя? Як говорити про військові втрати після братських поховань мирних жителів в Ірпені, Бучі чи Ізюмі?

У своєму есе «Смерть великим планом», написаному в 1993 році, Славенка Дракуліч описує новину про загибель маленької дівчинки під час обстрілу Сараєво. Вона дає критичний аналіз репортажу як запрошення глядачам за допомогою телекамер «взяти участь у їхній некрофільській одержимості смертю та звірством». Вона ставить під сумнів цінність зйомки трагедії сім'ї, зокрема тіла маленької дівчинки, батька в светрі, заплямованому кров'ю його дочки, вбитої горем матері, похорону, маленької труни, неглибокої могили в замерзлій землі. «Єдине, свідками чого ми не стали, – момент смерті дівчинки двох із половиною років», – каже Дракуліч. Вона ставить під сумнів мотивацію такого репортажу «в ім'я документації». Документація мала служити запобіжним засобом для майбутніх злочинів, але щоразу зазнавала невдачі.

«[Ми] вважаємо, що все має бути ретельно задокументовано, щоб ганебна історія ніколи не повторилася, – пише Дракуліч. – І все ж, ось вони. Покоління дізнавалися про концтабори в школі, про фабрики смерті; покоління, чиї батьки клянуться, що це ніколи не повториться, принаймні в Європі, саме через живу пам'ять про недавнє минуле. Вони воюють у цій війні. Що ж тоді змінила вся ця документація?», – міркує далі Дракуліч. Вона пояснює, що зміни відбулися з аудиторією: «ми почали вірити в нашу роль у цьому кастингу, що можна грати публіку. Ніби війна – це театр».[3]

Через три десятиліття після написання цього тексту, питання, поставлені в ньому, залишаються актуальними. Як і Дракуліч, я вважаю, що поширюючи записи про смерть і

---

3   Slavenka Draculic, 'Close-Up of Death', *Index of Censorship*, July 1993, p. 18 https://doi.org/10.1080/03064229308535578.

руйнування, викликані війною, ми повинні мати на меті наближення змін – нашою метою має бути виведення людей зі стану бездіяльності. Але я не згодна з тим, що публіка пасивна за визначенням, бо пасивних глядачів можна перетворити на активних свідків.

2022 року в Каннах, де на великому екрані неодноразово було показано уявні та реальні війни, ми стали свідками протесту групи українських режисерів і режисерок. Одягнені у вечірні сукні та костюми, вони піднялися сходами, покритими червоною доріжкою, вишикувалися в ряд і, прикривши свої обличчя, підняли прозорі картки з зображенням перекресленого ока, символу, знайомого з соціальних мереж. Ще двоє протестувальників розгорнули банер із написом «Росіяни вбивають українців. Чи вважаєте ви образливим чи тривожним розмови про цей геноцид?». Саме від нас залежить, чи наведемо ми фокус на розмитому зображенні, чи піддамося втомі від війни, чи залишимося активними свідками. Бо незалежно від того, як говорять про війну, саме від нас залежить, що ми зробимо з цією розповіддю.

Я натискала на кожну фотографію та відео, які з'являлися розмитими на моєму екрані з 24 лютого 2022 року, щоб побачити у фокусі злочини, вчинені російськими військами в Україні. Я не завжди погоджувалася з публікацією таких кадрів чи зображень, але дивилася на них, щоби стати свідком. Проживання і пояснення цієї війни собі та іншим навчило мене двох речей: по-перше, розповідаючи про війну, я повинна робити це для того, щоб наблизити зміни – перемогу України, тривалий мир і справедливість. По-друге, проживаючи розповіді про війну, я повинна приймати свою роль свідка з почуттям відповідальності за те, що я засвідчую, і спрямовувати його, щоб наблизити зміни.

Втома – це зброя у війні. Вона спрямована на тих, кому не потрібно тікати з розбомблених будинків, вона спрямована на нас, щоб ми навіть не дивилися на зображення розбомблених будинків, а натомість зосереджувалися на тому, скільки коштуватиме опалення власних будинків, не зачеплених бомбами. Нашу увагу привертає стрімке зростання цін у супермаркетах, а Москва використовує і загрозу голоду як зброю. Нас хочуть втомити війною, аби змусити прагнути припинення вогню, а не перемоги, поступок, а не справедливості, припинення бойових дій, а не забезпечення тривалого миру.

Не забуваймо, що причина наших негараздів – така ж, як і причина негараздів українців, і вона – в Кремлі. Ключем до спільної перемоги у цій війні є збереження солідарності з українцями, чиї життя, а не лише засоби до існування, знаходяться під загрозою; збереження пильності як свідків страждань українців; відкидання нашої втоми від війни у той час, коли українці продовжують чинити опір.

Лотерея по-українськи[1]

Софія Челяк

Апартаменти воєнного стану

У маленьку квартиру тридцяти п'яти квадратних метрів, що годиться для комфортного проживання однієї людини, нас заселилося п'ятеро. Усі з'їхалися, щоб звільнити свої помешкання для тих, хто був змушений покидати свої домівки й тікати в невідомість. І це не поодинокий випадок: разом почали мешкати колишні подружжя, колишні коханці, родичі, які бачилися раз у житті, коти, собаки та рибки, які погодились миритися одне з одним. Спали на матрацах, у спальниках, на дивані, втрьох на двоспальному ліжку. Але це ще дрібниці – в Іри у квартирі були заброньовані спальні місця навіть на підлозі.

Анна відривається від зуму, обіймає мене уже типовими для нас усіх обіймами, які промовляють тобі: «я така рада, що ти поруч». Максим обіймає так само і каже:

– Софіє, танцюй, у нас є пляшка вина. Привіз Ірин друг із Польщі, журналіст.

Я сідаю у червоний фотель під вікном, запалюю сигарету – і розумію, що все майже як завжди. Зараз буде вечеря, зараз ми зможемо трохи не працювати й вперше від початку говорити довшими реченнями, аніж: «Тут три сім'ї з Донеччини. Я можу поселити дві. Знайдіть місце для однієї». У нас буде нелегальне вино.

Відчепіться від нас, будь ласка

Це було до дефіциту бензину, але ще за сухого закону. Максим забрав мене на машині з роботи за сорок хвилин до комендантської години, коли почув, що мої гості зі східніших областей не доїхали.

---

1   Есе вперше опубліковано в *Тиждень*, 28 вересня 2022, https://tyzhden.ua/l otereia-po-ukrainsky/.

Максим займається альтернативною освітою. Від початку повномасштабного вторгнення він допомагає вчителям та учням налагоджувати навчання в евакуації, а також возить гуманітарну допомогу в прифронтові регіони. Одного разу його машину розстріляли. Він дуже довго шукав скло на заміну і якийсь час його дорожезна тачка була заліплена скотчем. У нього відстрочка від служби, але він потрохи готується йти воювати. Свята людина.

У ті дні траса Київ – Львів була суцільним затором. Родина з маленькою дитиною, яка мала жити в мене три дні, вирішила заночувати в коридорі готелю. Добре, що в коридорі були місця. Залишатися самою на початку повномасштабної війни означало дві речі: що в тебе ще є квартира (це добре) і що ти в небезпеці (не дуже добре). Ти могла не почути сирену і загинути від прильоту ракети. По Львову поки що нічого не прилітало, але ти звикала до думки, що смертна. І кожен день, у якому ти залишилася жива – був як виграш у лотерею. Сьогодні тобі пощастило.

Місто ставало порожнім десь за годину до початку комендантської (тобто близько дев'ятої вечора), а вдень набирало обрисів неприступного бастіону, що готовий прийняти удар – усе в мішках та в блокпостах. Наш багажник нагадував мобільний склад військової частини. У нас було три бронежилети, чотири каски, знеболювальні різної дії, костюми хімзахисту, турнікети, ізраїльські бандажі, десять базових аптечок, дві коробки з консервами, три каністри бензину та ще купа всякої дрібноти. Завтра увесь багаж мав відправитися на Харків. Усе мій друг зібрав за пів дня, коли дізнався, що хлопці виїжджають наступного ранку. У той час у Львові можна було дістати УСЕ необхідне для передової. Наше місто стало головною базою сортування спорядження та гуманітарної допомоги, а українці збирали кошти й скуповували будь-яке спорядження по всій Європі. За декілька днів бронежилетів та турнікетів не можна було купити в Польщі, а ще за тиждень були вичищені запаси в Німеччині.

Отак намотуючи кола між блокпостами та перераховуючи гроші на армію, ми рухалися до нашої української мрії – щоб від нас нарешті відчепилися росіяни й ми змогли спокійненько жити як незалежна країна.

Фемінізм в Україні переміг

– Офіційна заява: фемінізм в Україні остаточно переміг: дівчата рятують країну, а ми готуємо вечерю, – каже мій друг Андрій.

Він працює в ІТ, війна застала його у відрядженні за кордоном. Уранці 24 лютого авіасполучення над Україною закрили, рейси скасували. Андрій подолав тисячі кілометрів, а потім пішки переходив кордон. Чоловікам заборонений виїзд із країни до кінця війни. Андрій це розумів, але не міг не повернутися. Одразу після повернення він пішов у військкомат, проте його відправили назад зі словами: «Хтось має заробляти й купувати дрони. Якщо буде потрібно, ми подзвонимо».

Отож, троє хлопців готують вечерю, а ми з дівчатами допрацьовуємо. Анна веде перемовини з юристами-міжнародниками, ми чуємо, як проскакує раз за разом слово «трибунал», але з чемності ігноруємо розмову. Анна – адвокатка, свого часу була однією з наймолодших партнерок у юридичній компанії. До війни вона працювала з бізнесами, але з 2014 року почала брати правозахисні проєкти. Її клієнтами, як правило, безоплатно, ставали жертви політичних переслідувань, вона активно лобіювала питання звільнення українських в'язнів Кремля. Від моменту повномасштабного вторгнення Анна почала збирати докази воєнних злочинів, що допоможуть звинуватити росію у злочинах проти людства та геноциді.

Іра постійно на телефоні: «Так, ми поселимо вас у Кракові, з-під кордону вас забере Вітек… А у Жешуві на вас чекає сім'я, приймуть на три ночі, далі організуємо вам доїзд до Праги чи Відня, куди скажете». До цього вторгнення Іра була арткураторкою, організовувала виставки українського мистецтва в Європі, а також привозила європейських митців в Україну. За роки роботи вона зібрала величезну мережу контактів по всьому світу, що зараз дуже допомагало евакуйовувати жінок, дітей та літніх людей подалі від російських бомб та окупації.

Я готуюся до ефіру. Набираю одного молодого, успішного та розумного письменника, щоб запросити включитися завтра у національний марафон – спільний ефір найбільших телеканалів країни, який транслюється цілодобово. Він витримує паузу і каже:

– На хуй ідуть усі інтелектуали. Я мобілізувався, я не можу, – і впевнено сміється.

Я розумію, що він посилає себе, своє попереднє життя, і готується взяти в руки зброю. Я теж ржу в слухавку від цієї фрази. Іра відривається від дзвінків:

– Так смішно, я почала крізь сон домовлятися з сиреною, як із будильником. Домовлюся – і засинаю далі.

– Зрозуміли, ми тебе розбудимо, – не обертаючись від плити, каже Андрій.

– А можна я посплю? – Іра починає іронізувати.

– Ми не спимо – і ти не спатимеш.

– Або це буде пряме попадання – і нам уже нічого не поможе. Лотерея.

Починається тривога, ми спускаємося у підвал.

Мрійники

Тривога тривала до години. Ми повернулися у квартиру. Нас шестеро – троє хлопців та троє дівчат. У минулому житті ми працювали, ходили на тіндер-дейти, каталися в Берлін на вечірки й купували твори мистецтва. Ми були поколінням, яке не пам'ятало Союз. Ми фактично дітьми долучилися до Революції Гідності у 2013 році, коли керівництво нашої держави зробило неприпустиму річ – застосувало силу до беззбройних протестувальників. Першими смертями та колективною жалобою ми вибороли право вирішувати свою долю, доки не втрутилося керівництво росії, анексувавши український Крим і розпочавши вторгнення на сході країни. Десь тоді ми й подорослішали.

Без досвіду, але навчаючись, ми стали частиною українського Youthquake. Ми любили моду, мистецтво, знали кілька іноземних мов. У двадцять навчилися розбиратися у вині та обійшли найбільші мистецькі галереї у світі. З 2014 року, коли у нашій країні почалася війна, ми зрозуміли, що смертні – і полюбили життя ще більше. Змогли побудувати успішні кар'єри у креативних індустріях чесно, з нуля і з вірою, що ми працюємо на нове майбутнє нашої країни.

А зараз для нас велика радість – мати змогу повечеряти разом. Хлопці поставили воду на пасту, почали готувати соус і мити овочі на салат (бо ми – буржуазія, яка їсть свіжі овочі у воєнний час).

Вечеря готова, ми розлили одну безцінну пляшку вина на всіх. На око, припадало десь по 6 ковтків на людину.

Miss Ukraine 2022

Андрій усе ще говорив телефоном, тож ми вирішили почати вечеряти без нього. Просто більшість із нас згадала, що не їли уже два чи три дні. І не тому, що не було чого їсти. Навпаки, у нас прокинулися збиральницькі інстинкти, що лишилися в спадок від минулих воєн і Голодомору. Ще з осені, від перших повідомлень про можливе повномасштабне вторгнення росії, ми інстинктивно закидали в кошик консерви щоразу, коли йшли на закупи. Тепер ми не їли, бо наш організм викидав стільки адреналіну, що міг функціонувати лише на каві та сигаретах, а про їжу згадували лише тоді, коли хтось ставив страву перед нами.

Іра почала:

– Знаєте, коли я вилізла сьогодні з ванни, то побачила себе у дзеркалі вперше від початку. Тобто я дивилася в дзеркало, але щоб зрозуміти, чи рот не обмазаний пастою. А тут я подивилася, оцінюючи себе. Самі ребра.

– Ти фаталізуєш, у нас після перемоги буде країна моделей взірця 90-х: «героїнового»… перепрошую, тобто «воєнного шику»… Ми тут машину часу вигадали.

– Знаєте, я ніколи не вірив, коли у фільмах про Другу світову показували жінок із красивими кучериками, у сукнях і з червоними губами. А подивіться на Софію – в неї повний макіяж, ідеальна зачіска, так, ніби не війна зовсім, – насміхається з мене Максим.

Після його коментаря я згадую, що справді не змила макіяж після ефіру, і оце сиджу, як на вечірці. Коли я стала телеведучою, то терпіти не могла прилизані зачіски, підбори, макіяж. Тепер здається, що я – одна з десяти жінок у місті, яка носить мейк. Як правило, коли виходжу з роботи, змиваю його і збираю волосся у пучок, бо намальованою по вулицях мені йти дуже соромно. Сьогодні, поміж інших речей, я забула і про це. Але це він винен, заговорив мене.

Дні гедонізму

– Київ і далі безбожно бомблять… – каже Іван.

Він – художник, завдяки Ірі його роботи побачив світ, і тепер вони у колекціях по всій Європі. Після початку повномасштабного вторгнення він займається розробкою інтер'єрів у шелтерах для тимчасово переміщених осіб.

– Уявляєте, менш ніж місяць тому, за кілька днів до повномасштабного вторгнення, я танцювала у барі в Києві. На тлі тривожних новин ми жартували, що це останні дні гедонізму. Десь так і вийшло, але це було в минулому житті.

Довга пауза, ми відкриваємо новини. Читаємо про бої за Київ, Харків. Анна починає говорити, щоб заповнити паузу:

– Я купила собі золоту прикрасу. Перед собою виправдовуюся, що в разі чого, поміняю її на буханку хліба.

– А якщо не треба буде міняти, що скажеш потім своїм дітям, яких ти народиш після перемоги? Що купила її під час війни?

– Ага, а вони уявлятимуть, що купила ти її десь у перерві між тим, що копала окоп і бігала з автоматом.

– А поруч по окопах пурхала Софія з її ідеальними кучериками і бажала глядачам вдалого дня.

– А ще я записалася на манікюр через місяць. Це найбільш далекоглядна річ, яку мені вдалося внести в календар. Анна пригадала про цінності сталого розвитку і вирішила планувати не на день чи на тиждень, як робили всі в цій ситуації, а на місяць. Ми дивилися на неї як на божевільну героїню.

Війна виявилася не такою, як ми собі уявляли. Ми могли ховатися в укриттях, а потім іти у щойно відкритий ресторан, власник якого купує машину за машиною для фронту. Ми замовляли одяг від українських дизайнерів і знали, що, крім відсотка, потрібного для підтримки виробництва, увесь прибуток вони перерахують на армію. Ми могли записатися на манікюр і дати роботу жінці, яка щойно приїхала в місто евакуаційним поїздом зі Сходу. Усе наше колишнє життя з вечірками, прийняттями у коктейльних сукнях було дуже далеким. Але все, що поверталося – робилося для ЗСУ і заради перемоги.

– Раптом що, ми скасуємо запис, – жартує Максим, натякаючи, на рандомну ракету, яка може в будь-який момент впасти на будівлю, в якій ми перебуваємо. Ржемо вголос. Анна підвищує ставки у лотереї.

Основний інстинкт

– Ну що, друзі, тепер мені подзвонили усі мої колишні. Переживають, дорогі, – трохи з погордою повернувся до нас Андрій.

– Ну подзвонити – це одне. По мене уже їхали з безпечної Європи, щоб забрати з України й вивезти подалі від війни, – сміється Іра.

– Бля, і шо ти сказала?

– Спочатку послала. Потім сказала, що якщо він їде, у шелтери потрібні базові ліки. А я звідси нікуди не поїду: це моя країна, мій дім, якщо треба буде – я тут помру, – каже Іра.

– Андрію, а ти розказав своїм колишнім, що лібідо під час тривог працює так собі?

Навіть тут, у глибокому тилу, ми забули на якийсь час про секс і сексуальність. Ми продовжували ходити в одному і тому самому одязі щодня, бо підбирати гардероб – це додаткові зусилля. Щохвилини ми писали друзям із міст, куди прилітало: «Як ти?». А певні слова втратили свою гучність. Ми розуміли, що потрібно щоразу казати другові чи подрузі «я люблю тебе», якщо справді це відчуваєш. У ті ранки, коли цього не робили повітряні тривоги, любов до своїх і лють до ворога були тим, що допомагало нам підійматися з ліжка.

– А в мене, навпаки, все працює. Я сильно хочу хлопців у формі і народити від них дітей. Тільки як можна народжувати у світі, де неможливо закрити небо і де діти звикають спати в укритті, а всі ігри в них тепер про війну? – підіймає на нас очі Анна.

– Я сумую за сином. Постійно згадую день, коли посадив їх у поїзд. Мій син і моя дружина поїхали за кордон, я не зможу їх побачити найближчим часом. Повертаючись із вокзалу, я плакав. Але вони житимуть, – випалив Іван.

Більшість виїхала з країни саме через дітей. Жінки кутали малюків у найтепліший одяг і везли по той бік кордону. Вони перетинали умовну лінію на землі, за якою небо закривали сили НАТО, і ридали від розпачу, що залишили свій дім. Ми не знаємо, кому гірше – нам, хто тут залишився, чи тим, хто виїхали. Бути з того боку кордону, ближче чи далі – це жити у нормальному світі, не втрачаючи зв'язку зі своїм світом, скаліченим. Коли ти в умовній безпеці, за лінією, сприйняття кожної новини загострюється. Жінки, що виїхали, поставили турботу про дітей вище за свої інтереси та своє психічне здоров'я. Вони самі в чужій країні, де не можуть дозволити собі няню, не мають батьків і партнера, які відпустять увечері просто прогулятися на самоті. Усе їхнє життя обертається довкола дитини, бюрократії і новин про жертви в рідних містах.

Але залишатися в Україні – це наражати свою дитину на небезпеку. Зрозуміло, що більшість не погоджується, щоб учасниками лотереї стали діти.

Парк розваг «Адреналінові гірки»

– Так, будеш розводити тут песимізм – виходь із квартири… Краще я тобі відео покажу, як байрактарчики підривають російські танки. Оці, де була колона – а потім її немає, – Максим тицяє в мене смартфоном з увімкненим відео.

Я підіймаю очі в сльозах:

– А якщо у нас більше не буде Києва, а якщо у нас більше не буде Маріуполя і Харкова?..

Адреналінові хвилі, на яких ми могли працювати на двох-трьох роботах і в перервах займатися волонтерством, змінювалися глибокими ямами розпачу. І головним завданням було підтримати людину і витягти її якомога швидше, а потім працювати й працювати, щоб не було можливості знову впасти в яму.

– Навіть якщо вони в нас їх заберуть, ми їх повернемо. Дивися, байрактарчик летить небом, поля, поля-а-а-а… І дивися…

Бабах!

– Легше? Якщо ні, я поділюся з тобою вином. Так чи інакше, ці шість ковтків не вирішать нічого.

– Дякую, трохи легше. Не можу ж я забрати в тебе вино.

Ми передивлялися дуже багато контенту росіян, щоб знати, чим вони живуть. Нас від цього нудило, але зупинитися ми не могли. Усі ми вміємо принаймні читати російською. Це давало нам інструмент для того, щоб, будьмо відверті, знайти надію, що їхнє суспільство організується, почне протести, що поки ми боремося збройно, вони почнуть боротьбу зсередини. Наші надії були марними, натомість ми бачили у сторіз, як вони страждають від санкцій (серйозно?) і як погрожують нашому президенту.

Ми дуже рано подорослішали, як і більшість наших співгромадян. У той час, коли наші ровесники у західному світі думали, куди б вони подали документи після декількох gap years, ми керували величезними проєктами та засновували успішні бізнеси. Після Революції Гідності ми зрозуміли, що треба жити на повну і брати відповідальність за кожен наш крок.

Ми закінчили вечерю і допили вино. Було пару хвилин по дванадцятій – ми пішли спати.

Українська мрія

На днях один відомий письменник запитав мене, чи знаю я, як будувати своє життя далі.

Я зрозуміла, що не знаю. Не можу планувати, не знаю, чи житиму завтра. Але ми усі впевнені, що все це недарма. Нам абсолютно не страшно. Ми, молоді, красиві та успішні, спимо втрьох на одному ліжку цієї ночі. Так, просто спимо. Усі наші збереження пішли на допомогу армії. Ми працювали по дванадцять годин на день задля своєї української мрії. Цікаво, що під українською мрією ми уявляємо кожен щось своє, але це байдуже. Головне, щоб росіяни від нас нарешті відчепилися і ми могли далі будувати кар'єри, сім'ї, робити ремонти в будинках не як спосіб подолати обсесію, а через певність, що завтра на них не впадуть ворожі ракети. Але це буде колись, коли росія від нас нарешті відчепиться.

Під ранок почалася тривога, але ми вирішили її проігнорувати. Ракети того дня не долетіли до Львова, ми вижили, наша молодість продовжилася ще на один день.

Украдений Луганськ[1]
Кріс Михайлович

Переклад *Ніни Мюррей*

Ось як вони вкрали твоє рідне місто. Ось що вони зробили з твоїм Луганськом.

Спершу вони завозять юрби п'яних росіян з іншого боку кордону, щоб ті понасаджували двоголових орлів-мутантів на кожному флагштоці. Ці росіяни нахабно продираються в серце міста, де оголошують себе героями якоїсь дуже давньої «великої вітчизняної війни». Вони наполягають, навіть запевняють, що це місто, де вони ніколи в житті не бували, насправді завжди належало їм. І завжди належатиме, кажуть вони, мовляв, повернулися з екзилю, щоб повернути твоє місто собі, як загублену дитину матері.

Тоді росіяни перевдягаються зі спортивних костюмів у військовий камуфляж. Замість російського триколору і георгіївської стрічки вони тепер мають стрілецьку зброю та артилерію. На вигляд вони, як діти, що бавляться в солдатиків, вдягнувши батьківську форму, аби здаватися дорослішими. Відригують одеколоном і верзуть щось славетне про країну, якої ніколи не існувало. Країна ця, втім, така ж реальна для них у їхньому сп'янінні, як міраж у пустелі, і щоб наповнити її бодай якимось життям, вони мають захоплювати будівлі, викрадати й катувати твоїх сусідів. Вони їдять або крадуть усе, що не можуть зґвалтувати або вбити.

Вулиці, де ти виросла, перетворюються на лігво контрабандистів, поля, якими ти бігала, стають проклятими цвинтарями. Введено комендантську годину, і ночами п'яні співають фронтові пісні з війни, в якій вони ніколи не воювали. Вони носять військові ознаки та ікони й п'ють за героїв країни, яку фізично не можуть пам'ятати. Вони наполягають, що це

1 Статтю вперше опубліковано в *Тиждень* 29 вересня 2022, https://tyzhden.u a/ukradenyj-luhansk/.

теперішнє, переповнене чужинцями, місто – і є те місто, в якому ти виросла. Що чужинці завжди були твоїми сусідами.

Батько вивіз тебе з матір'ю геть із міста, на дачу неподалік Луганська, на межі степу, де тільки рух птахів, викарбуваних на небі чорними силуетами, нагадує, що час не зупинився. Там ти відсвяткувала свій шістнадцятий день народження, відчуваючи, як земля тремтить тобі під ногами. Удалині ти бачила тьмяне світло мінометного обстрілу і моторошні відблиски трасуючого вогню. Друзі та їхні сім'ї виїхали до Києва, Одеси, Харкова. Їхні обстріляні, порожні домівки стояли як ліхтарі з догорілими свічками після Дня всіх святих.

Мати благала батька поїхати за ними, але єдине, на що він спромігся (посмакувавши осад допитого вина), було: «*Чому ми маємо їхати?*».

Страх матері був у тебе в крові, але ти погоджувалася з батьком. Це ж Луганськ. Твій Луганськ. Хто має право приходити й говорити, до якої країни він належить? Хто думає, що може змітати кордони, як крихти зі столу?

Ти дуже подібна на матір, коли вона була твого віку; від батька маєш блискучі чорні очі й глибоку відданість рідному краю – відданість вродженого одинака. Ти, так само як батько в юності, воліла проводити вільний від навчання час, блукаючи дикими полями. Стояти під сонцем опівдні й шукати очима горизонтів, що простягалися, здавалося, до самого краю землі – не було для тебе нічого кращого. Тебе вабили мапи й мови, таємниці давніх імперій, але попри всю твою цікавість, у тебе ніколи не виникало бажання поїхати з Донбасу. Відкрита світові, куди б ти не сягала думками, завжди поверталася додому, до Луганська. Далекі країни з їхніми легендами і невимовними назвами були не більш як дивними артефактами. Ти роздивлялася їх так само, як розглядала цікавої форми листок чи камінь, знайдені в полі, так само підважувала їх у руці, щоб відчути, як вони лежать на долоні, перш ніж відкинути й піти далі.

Таким самим був і твій батько. На відміну від більшості п'яниць, найнятих росією, щоб вкрасти твоє місто, він цілком свідомо пам'ятав Радянський Союз і без ілюзій пригадував тяжку працю, якої той вимагав від людини. Юність він втратив на честь держави, змарнувавши свої двадцяті на виснажливій військовій службі в Мурманську. Там, на холодній маківці світу, він здебільшого мовчав і вигадував безліч способів повернутися до Луганська й більше ніколи звідти не виїздити. Сила його рішучості була така, що частина її відбилась, як тінь, і на тобі, його дочці.

Окрім виготовлення вина, великою пристрастю батька була риболовля. Якось ти розповіла йому про хлопця зі школи, і його першим питанням було: «Він ловить рибу?». Ти сказала, що ні, а батько тоді відповів: «То скажи йому, щоб не марнував більше жодної хвилини! Він не знає, що втрачає!». На вихідних батько возив тебе з мамою, тих, кого завжди називав своїми найкращими друзями, на довгі пікніки біля річки. Ці подорожі виходили за межі області, так ти побачила притоки Луганя та Міуса. На старій фотографії, яку тепер втрачено, батько сидить на березі річки й дивиться в бік від камери, націленої дружиною, і об'єктив уловлює лише краєчок його усмішки. А ти дивишся просто на матір очима, що сяють від батькової втіхи, і гордо тримаєш у руках його улов.

Мати наповнювала дім квітами й виростила тебе в тіні папоротей. Лілеї й півонії були солодким контрастом до гіркуватого вина. Дім переповнювали книжки, написані російською та українською, і ти з задоволенням читала обома мовами. От тільки замість того, щоб допізна ховатися під ковдрою з ліхтариком і книжкою, тобі більше подобалося нишкувати з папером і олівцями. Малювати діаграми домашніх рослин, що плекала мама, і робити з пам'яті нариси річок, які так любив твій тато. Ти купалася в теплі любові батьків. Батьки ніколи не сварилися, жодного разу не почула ти від тата грубого слова. Вино було його гордістю, але ти ніколи не бачила його сп'янілим.

А тепер п'яниці, що співали пісень, написаних для давно мертвих хорів і підіймали прапори вигаданої держави, виїдали місто зсередини. Утім, факти залишалися фактами в прихистку вашої дачі. Не порушені забудовою поля приймали тебе в обійми, як завжди, і Україна залишалася Україною.

Батько мусив їздити до Луганська на роботу. Там він бачив чорні сліди, залишені гусеницями танків на вулицях, портрети Леніна й Сталіна, наче нечисть, повсталу з могил. П'яні чоловіки охороняли блокпости, чіпляючись за свою зброю. Їхні вугільні силуети блукали дорогами, як ожилі страшили в пошуках мозку.

Тобі виповнилося вісімнадцять і батьки переїхали в Луганськ, щоб батькові легше було боронити свою автомайстерню від крадіїв. На дачі до тебе прибився бродячий кіт, і сусіди почали вважати тебе з котом кимось на кшталт відьми в хатині на курячих ніжках – дивачка, ти жила сама, не переймалася шлюбом чи дітьми і не їла м'яса. Кіт спостерігав, як ти, не вміючи готувати, спалила сковорідку. Він полював на мишей і складав тобі товариство, поки ти терпіла перебої з водопостачанням і електрикою. Твоє око мисткині тішилося скупим оздобленням дачі. Користуватися поштою або місцевим банком без колаборації з ворогом стало неможливо, і ти заробляла на життя як художниця-фрілансерка онлайн. А вечорами пошепки читала собі українські вірші.

Ти була прихована від світу.

Твої роботи стали одою цим віддаленим околицям. Удалині від мілітаризованого міста іноді можна було, бодай на кілька секунд, уявити собі, що ти вільна. Образи, що ти малювала, були заокруглені, гладкі й теплі. Ти фарбами відтворювала сцени життя у передмісті. Джмеля, що прилетів зустрітися з босоногою дівчиною – обоє серед диких квітів. Поїздку велосипедом. Хлопчика, який керує кораблем мрій униз по Кринці, до моря. Кухонний стіл, на ньому чашка паруючої кави поруч із трьома збитими яйцями в мисці та виделкою збоку. З часом твої роботи ставали яскравішими й віддаленішими від решти світу. Малярство захищало тебе від того, що коїлося в місті, де росіяни блукали серед руїн у примарах алкогольного отруєння.

Тобі виповнилося дев'ятнадцять. Двадцять. На Новий рік батьки відмовилися виголошувати тост опівночі, дочекавшись натомість першої ночі, щоб не святкувати одночасно з Москвою. Безпечний світ твоїх робіт дедалі більше відривався від того, на що перетворювався Луганськ. Ти помітила хижих птахів, які полювали з дерев навколо дачі й підіймалися вгору з кимось слабким і безпорадним у кігтях. У сусідньому селі вовк забрав маленького хлопчика. Час від часу забута міна, залишена десь у п'яному безглузді, забирала чиєсь життя чи ногу. Річки твого батька тепер висохли або текли брудною червоною іржею. Тобі все ще здавалося, що ти живеш у казці – але тепер у ній залишилося тільки все темне й зловісне.

Того дня, коли росіяни обстріляли твою вулицю і змусили сім'ю переїхати на дачу, ти запряглася собі, що більше ніколи не хвилюватимешся про речі, менш значущі, ніж життя і смерть. Ти знала, що може статися. Людське тіло могло просто зрадити. Його можна було розірвати на шматки. Там, де щойно була людина, окрема свідомість, тепер поставало щось невпізнаване, бутафорія з фільму жахів. Людину, всі спогади й усю любов, що її наповнювали, легко було стерти кулею. Снарядом. Тому в шістнадцять років ти твердо пообіцяла собі ніколи не зближуватися з кимось або чимось, що в тебе могли вкрасти.

Але зараз у дачній тиші щось у тобі змінилося. Ти засинала – і розум показував тобі образи, текстури, грав ноти фуги, що складалися у відчуття. Далі у цього відчуття виростали руки, воно дихало, ставало тілом, як могло тебе торкатися, кохати тебе, обіймати аж до ранку, поки твої нігті викарбовувалися на його спині. Коли прокидалася, це все розчинялося, зникало, а ти сиділа сама на ліжку з відчуттям, ніби на дачі панує привид. Щось – луна, відсутність – затримувалося в повітрі. Запах когось, кого там ніколи не було.

Удень ти мріяла про інші речі: парки, наповнені щасливими родинами, синьо-жовті прапори, натовпи на вулиці пізно ввечері. Усі в безпеці, в змозі сказати те, що думають. Ці мрії звучали українською та суржиком. Уявити себе відокремленою від Луганська означало уявити себе у вакуумі. Але тепер ти нарешті відчула потребу піти, піти за шепотом, яким снила, і відчути насправді те, що бачила і чого торкалася уві сні.

У черзі на переправу в Станиці Луганський, де ти стояла поруч із пенсіонерами, тебе не залишало відчуття, що переправляєшся через Стікс, назад до світу живих. А росіяни запитали, чи в тебе є хлопець, і розглядали тебе так, ніби ти належала до чийогось гарему. Виринаючи зі звичної нудьги, вони так зачарувалися тобою, що полінувалися обшукати твої сумки. Однієї посмішки, подумалося тобі, могло б вистачити, щоб провезти бомби для повстанців і екземпляри «Кобзаря» назад через кордон.

Услід за друзями ти переїхала в Харків і вступила до університету, де наступні чотири роки вільного життя здригалася на кожний голосний звук і не спала ночами, хвилюючись за батьків. А тоді росіяни вирішили, що Харків – теж їхнє місто. Так само як на початку, коли вони обстріляли твою вулицю в Луганську, ти припала до землі в страху перед убивчим небом – востаннє.

Білий, чорний та безбарвний[1]

Катерина Яковленко

Улітку повітря таке виснажливе, що ледь пересуваються ноги: тіло важчає, й інколи здається, що ніздрі стають цегляними. Дихання збивається – як у риб, яких викидає на берег сильна хвиля океану. Незрозуміло, чи це через яскраве степове сонце, чи через пил, що в'їдається в одяг і шкіру. Не уявляю, як шахтарі, які щодня носили робу та залазили під розпечену землю, виживали за таких температур. Батька я ніколи не питала – він працював на шахті енергетиком.

Узимку легше. Але вітри бували такими, що земля утікала з-під ніг. І хоча місцеві комунальники посипали вкриті льодом донбаські дороги сіллю, це не рятувало від травмувань. Натомість щовечора, прийшовши додому, доводилося чистити від білих соляних розводів чорне дерматинове взуття.

Це був кінець 1990-х і початок нового тисячоліття. Барвистість дитинства наповнювалася всіма відтінками сірих буднів. Та мене заворожувала ця непричесана індустріальна поезія. Точні дисципліни були мені геть чужими. А тому завжди дивувало, скільки має бути покладів солі, щоб не жаліти їх на периферійні дороги? Зрештою, багато з нас обирали схожі шляхи.

У той час дорогами мого міста ходив і фотограф Олександр Чекменьов. На початку нульових він зробив свою найвідомішу серію «Донбас», що оповідає про бідність, соціальні проблеми та самопожертву заради видобутку вугілля на сході України. Однак насправді вона – про замкнене коло цих проблем, зав'язаних на аб'юзивній залежності людини та природних ресурсів, що тягнеться більше століття.

---

1 Есе було вперше опубліковано в *Українській правді* 22 вересня 2022, https://life.pravda.com.ua/society/2022/09/22/250552/.

131

Сіль

Звіримо годинники. 4 квітня 2022 року о 15:00 за київським часом закінчилася зміна робітників рудника №4 державного підприємства «Артемсіль» у Соледарі на Донеччині. Після неї співробітники отримали трудові книжки й роз'їхалися хто куди.

Наступу російських військ на Донеччині та Луганщині очікували від самого початку повномасштабного вторгнення, але ніхто не уявляв таких масштабів і жорстокості: містоутворювальні підприємства постійно обстрілюють, знищується цивільна та критична інфраструктура, руйнується житло. «Артемсіль» призупинив свою роботу саме через це. Дві третини населення покинули місто. Хтось робив це вдруге, адже саме тут намагався почати життя спочатку вісім років тому, ховаючись від війни та російських найманців. Тепер земля знову вислизає у них із-під ніг.

Земля провалюється. Це не метафора складного воєнного стану, а реальність, у якій опиняться соляні та вугільні підприємства сходу України, якщо не відновити їхнє виробництво. «…Адже пустот у природі не існує», – пояснює мені дослідник корисних копалин Донеччини Михайло Кулішов. Він народився в Горлівці, 2015 року через війну переїхав до Бахмута, а тепер – на Київщину. «Коли шахта перестає функціонувати, порожнеча, що утворюється внаслідок цього, заповнюється водою. Ці води руйнують структуру шахти та підіймаються на поверхню, через це може утворитися солоне озеро», – розповідає він.

Я плавала у такому. Біля Слов'янська на Донеччині збереглися солоні озера, навколо яких побудовано санаторний комплекс. Востаннє я була там у серпні 2014-го. Палило те саме нестерпне донецьке сонце. Здавалося, що під цим промінням уповільнювався навіть час. Довкола ходили потомлені українські солдати. Ми з фотографом Миколою Тимченком зупинилися біля танку на ім'я «Ластівка». Це були бійці 95-ї окремої десантно-штурмової бригади, майбутні кіборги з Донецького аеропорту. Один із них згодом одружився, має двох синів; та він і досі на фронті, у червні мав першу відпустку з часів повномасштабного вторгнення.

На початку XIX століття харківський дослідник Євграф Ковалевський припускав, що солоні озера Слов'янська утворилися почасти через руйнування ґрунтовими водами солянистих порід, які розташовувалися близько до поверхні. На відміну від Бахмута чи Соледара, соляне виробництво тут не було таким розвиненим. На початку процес видобутку кам'яної солі тут був хімічним, від цього руйнувався ґрунт, утворювалися пустоти й ставалися обвали. 1935 року ухвалили рішення вести експлуатацію винятково шляхом підземного штучного вилуговування. Так тривало, доки не розпочалась Друга світова війна. За час бойових дій та окупації індустрія виснажилася. Земля знов осідала, руйнувалися будинки. 1961 року центральну ділянку видобутку солі у Слов'янську остаточно закрили. Час зупинився.

У думках я часто повертаюсь до українських футуристів, які бачили індустріальний регіон утопічно і приїжджали сюди «за римами та за життям». Майбутнє їм вважалося динамічним та швидким, а тому навіть час прискорювався на їхніх годинниках. Блукаючи донецькими степами, журналіст і письменник Олексій Полторацький уявляв, що ходить дном колишнього океану, який існував «астрономічну кількість років тому». Він не помилявся: на території Донеччини справді була велика вода, проте не океан, – море. Саме тому тут виникли соляні родовища.

На жаль, мені мало відомо про Полторацького, окрім поодиноких текстів, які читала. Але я живу у його майбутньому, стою на тому ж роздоріжжі, міркуючи про своє власне життя і життя, що настане опісля. І, можливо, це найсильніше, що нас єднає.

Нині мені здається, що той час, коли взимку я ходила посипаними сіллю дорогами, теж був астрономічно давно. Парадоксально, як інколи темпоральність або розпорошується, або концентрується, наче необроблений кавалок солі. Такий самий, з якого у 1889 році бахмутський столяр, художник-самоук Єгор Попов вирізьбив на глибині 122 метрів пам'ятник «соляному генералу» Ніколаю Летуновському, власникові Брянцевського рудника (нині «Артемсіль»). Трохи пожовкла від часу скульптура досі зберігається у краєзнавчому музеї окупованого Донецька. Російський цар позбавив Летуновського усіх його звань і посад. Однак пізніше йому повернули славу першовідкривача промислової сторінки в історії міста. Хоч насправді тут видобували сіль задовго до індустріальної революції. Хай там як, двометровий, майже безликий генерал пережив уже дві імперії. Переживе і третю.

«За скільки років покинуті соляні шахти може поглинути вода?» – питаю я у Кулішова.

«Можливо, за двадцять-тридцять…»

Вугілля

Уже два роки, як колишню вугільну копанку поблизу Лисичанського желатинового заводу заливають ґрунтові води. Ніхто не знає склад цієї води, хоча дехто з місцевих уже встиг там поплавати. Кажуть, що глибина там – як висота п'ятиповерхівки, можна й потонути. Жартома мешканці називали це місце «Лисичанським гранд-каньйоном». Вигляд справді вражає: новоутворений кар'єр із блакитно-зеленуватою водою оточений брунатними піщано-кам'яними схилами; довкола продираються поодинокі зелені кущі, кружляють птахи та метушаться мурахи. Турбує лише запах тваринних кісток із заводу неподалік.

Починаючи з 2017 року, правозахисники та екоактивісти зверталися до правоохоронних структур: написали щонайменше вісім відповідних заяв – і щонайменше вісім разів незаконне вугілля було арештоване, а техніка конфіскована. Та лише у 2020-му було порушено перше кримінальне провадження.

Ще до війни територія Донеччини та Луганщини з космосу мала такий вигляд, ніби вона вся у ранах: утворені внаслідок нелегального видобутку вугілля діри можна легко розгледіти на супутникових фотографіях. Нині таких ран більшає, їх доповнюють діри від обстрілів та авіаударів, могили цивільних і солдатів.

Якщо раніше копанки облаштовували переважно там, де видобували якісне вугілля марки антрацит – моє місто славилось саме таким, – то з початку війни, з весни 2014-го, почали рити всюди. Екологи били на сполох: таке виробництво шкодить землі та нераціонально використовує природні ресурси. Економісти попереджали про розвиток корупції та вивід економіки в тінь. Правозахисники попереджували про відсутність соціальних гарантій та ризики для життя. Якщо небезпека існувала й на державних шахтах, то на нелегальному виробництві гарантій не було, на роботу брали й школярів.

Таких, як Юра Сіканов, 14-річний хлопець із міста Сніжне на Донеччині. Документальний фільм «Шахта № 8», героєм якого він став, у 2010 році облетів половину континенту, але в Україні його зняли з фестивального показу. Стрічка розповідає про відповідальність за родину, яку перебирає на себе юнак – батько помер, а мати пішла з родини, покинувши трьох дітей. Рішення нелегально працювати було вимушеним. Так він став героєм для своїх сестер, але деякі мешканці Сніжного його таким не вважали. Через два роки хлопця жорстоко побили, зламавши щелепу. Фільм звинувачували в тому, що він спотворює «реальний» образ Донбасу – героїчного і звитяжного, де немає місця чорному ринку та бідності, а промисловість посідала ключову роль. Насправді ж промисловість *просідала*.

«Моя бабуся – із Західної України, порушила закон, щоб до її п'ятнадцяти дописали зайві кілька років і вона змогла вирушити на роботу. І її відправили – штовхати вагонетки. Але згодом її довелося звільнити, бо через це вона почала кашляти кров'ю», – ми сидимо з Олександром Чекменьовим у кафе біля метро Лівобережна у Києві, й він переповідає історію своєї родини. Це кінець вересня 2014 року, вже пів року йде війна. Чекменьов щойно повернувся зі Слов'янська, де знімав постраждалі від обстрілів російськими військами та їхніми найманцями будинки. На цих кадрах на тлі руйнувань стоять утомлені, безнадійні люди. І якби можна було видобувати сіль з їхнього горя та сліз, Слов'янськ був би одним із провідних у цьому виробництві. Якби, звісно, не став озером.

Газ

Ми говоримо з Чекменьовим про його фотографії та зв'язок із регіоном. Найщемкішу для мене серію «Паспорт» він знімав на Луганщині, коли Україна видавала своїм громадянам перші національні паспорти. Тоді Чекменьов допомагав соціальній службі оформлювати документи, створюючи портрети людей у домашніх умовах. Цими громадянами молодої країни були 90-літні дідусі та бабусі, які готувалися не до політичного відродження, а до власної смерті. Біля ліжка одного з них стояла завчасно заготовлена труна. Бідні інтер'єри домівок лишалися за лаштунками паспортних фотографій, але зберігалися, мов театральні декорації, на світлинах Чекменьова.

Ці фотографії зроблені протягом 1994 року; від усіх віє холодом. Хтось із героїв ховається за простирадлами, на комусь теплі светри. Будинки здебільшого опалювалися вугіллям. І хоча для шахтарів існували знижки, однак то було недешево. Люди економили, тому в домівках бувало прохолодно. Газова система опалення вважалася більш прогресивною та екологічною. Та ніхто з цих героїв не думав про це: подумки вони міняли затишок свого дому на тепло сирої землі.

Від початку 2006 року в Україні заговорили про поклади природного газу в піщаних ґрунтах Юзівського родовища, що охоплює частину Донецької та Харківської областей, поблизу отих місць із соляними озерами, хвойними лісами та неймовірно чистим повітрям, де стояла залізна «Ластівка». Складно було уявити нове виробництво серед такого ландшафту. Через те, що газ міститься у глибоких піщаниках, глибина свердловин мала сягати 4,5 км. Це могло б позначатися на ґрунтових водах і всій екосистемі, але аналізу шкоди екології та релевантності виробництва так і не було зроблено, передовсім через війну.

У 2014 році компанія Shell, що вела розробки на Юзівській ділянці, припинила свою діяльність, зазначивши про «перерву наземних операцій». Але війна триває, ціна та ризики дослідження зростають. У середині лютого 2021 року в «Нафтогазі України» зрештою заявили: «Нехай краще пролягає під землею за такою ціною». Нині територія Юзівського родовища – це одна з перших ліній фронту.

Донеччину та Луганщину часто називали місцем білого й чорного золота – солі та вугілля. Але справді коштовним матеріалом виявився газ – невидима сполука, що затягує європейські кордони в енергозалежний вузол.

Протягом восьми років, що минули після анексії Криму та окупації частин Донеччини й Луганщини, війна в Україні для більшості закордонних політиків та медіа залишалася такою ж непомітною та аморфною. Лише нині вітер з України доніс в'їдливий запах погару й газу.

Більшою мірою така «невидимість» була пов'язана з медіакампанією, яку розгортала росія, маніпулюючи історичним знанням і фактами довкола українського фронтиру. Але направду все, що цікавило Москву, – це ресурси, зокрема й люди як ресурс.

Радянська пропаганда ототожнювала шахтарів із Прометеєм, який виліпив людей із глини, а згодом надав їм вогонь і тепло. Та, на відміну від міфу, ці люди не мали надприродних сил. Щодня вони виконували каторжну роботу, залазили в землю, відмовляючись від денного світла, втрачаючи здоров'я та життя. Пропаганда замовчувала «професійні» хвороби та смертність на виробництві. Про це нагадував специфічний кашель та чорні кола довкола тьмяних очей – пил, що не вимивався водою. Непорушним залишався лише сильний, буквально патологічний зв'язок із землею.

На відміну від футуристів, селяни, що жили на сході України, сприймали зміну ландшафту як наругу над тілом та ідентичністю. Вони вбачали в індустріалізації форму насильства. Піклувалися про землю як про частину родини – запобігали ерозії та виснаженню ґрунту, засівали злаковими культурами, озимою пшеницею чи житом, щоб дати їй змогу перепочити та відновитися. Сьогодні пшениця і жито так само у вогні. Подарований Прометеєм вогонь руйнує та нищить.

Як індустріалізація, так і фотографія – це частина модерної історії. Індустріалізація апелювала до майбутнього, фотографія – завжди про минуле. Майбутнє сьогодні відбирає війна, вимушене переселення, депортація, голод, бідність, кліматичні зміни, нові хвороби. Минуле постійно вимагає перегляду, адже знищуються архіви та спадщина. Так само як у березні 2022 року мій архів не витримав чутливості артилерійського світла і перетворився на пил унаслідок російського обстрілу. На пам'ять від нього у мене лишився портрет на тлі порожніх вигорілих стін. Та я не вперше стояла серед рідних руїн.

Я лише раз була у прадідовому селі. У родині ніхто не знав їхню історію достеменно. Бабця ніколи не показувала фотографій: стоси світлин збирали пил у шафі багато років, аж поки вона не померла. Дід помер раніше. Його рідне село було зруйноване війнами та революціями. Індустрія та імперія захопили не лише місцеві ландшафти, а й виснажили мрії його родини, колишніх гончарів і майбутніх шахтарів. Усією сім'єю ми зробили знімок на тлі спустошеного пейзажу – там, де колись стояла українська церква та будинок дідових батьків. Вони жили тут у 1920-ті. Депортовані 1938-го, реабілітовані 1954-го. Ми повернулися у нульові.

Я міркую, яким був той глиняний посуд моїх прадідів, і подумки ставлю квіти у вазу, зроблену їхніми руками. Мені цікаво, якою була на доторк глина, що надавала їм сил та надихала створювати речі. Але в мене немає цього знання й артефактів. Немає навіть тієї фотографії на тлі зниклого села. Століття у біографії моєї родини – як розбитий глечик, який я намагаюся відновити.

Я також думаю про свій зв'язок із цією землею. Серпневий вітер та терпкий запах чебрецю, мов євшан-зілля, щоразу повертає мене додому. Туди, де простори вкриває сиве волосся ковили, що хвилями, мов океан, обвиває землю. Де інколи засипають дороги вугільним шлаком, а взимку посипають сніг сіллю. Де коріння у рослин таке сильне, що починає проростати на покинутих заіржавлених корпусах шахт та заводів, повертаючи собі своє. Зрештою туди, де соляний безликий генерал відраховує час до смерті третьої імперії.

Де все, що, на перший погляд, видається чорним, білим та безбарвним, вкривається кольором та оживає. Так само як на розписаних Василем Єрміловим квітами агітпотягах, що курсували донецькими дорогами на початку ХХ століття.

Можливо, мої спогади тепер ближчі до футуристичної поеми, аніж до реальності. Бо в реальності чебрець і ковила потрапили у перелік рослин, які можуть не пережити війну – їхні види виявилися нестійкими до такої кількості військової техніки та вибухів. А щоб соляний генерал якомога швидше побачив політичні зміни, українські солдати риють траншеї, саме з цієї перспективи вони бачать схід і захід сонця. Кращі з них стають сіллю цієї землі. Дорогою ціною.

Дослідники сперечаються про те, коли саме настав кінець модерності, і чи ми й досі переживаємо її смерть? Мене цікавить інше: чи не померли разом з нею проєкти майбутнього та минулого, тоді як єдине, що у нас лишилося – це наше теперішнє, де час відбиває не стрілка годинника, а система протиповітряної оборони, що зупиняє відроджений імперіалізм? Якби футуристи раптом опинились у сьогоденні, чи не були б вони розчаровані таким майбутнім? Сутужні рими, скупі слова і щоденна битва за життя. Проживаючи повітряні та внутрішні тривоги, переживаючи втрату, біль і знищення рідних міст, як ніколи хочеться жадібно ковтати свободу – так спраглі, викинуті на узбережжя риби виборюють кожна свій подих.

Стара утопія формувалася під землею – із солі, вугілля та газу. Та за новою не варто лізти на сотні метрів у ґрунти, вона – на поверхні. Ми – шельф того океану, що житиме тут астрономічну кількість років потому.

Звіримо годинники. На моєму – 8 років та 162-й день війни. Імперія рахує з кінця.

Київські хащі[1]

Джонатон Торнбулл

Переклад *Ніни Мюрей*

До того, як я приїхав у Київ наївним студентом-докторантом, місто уявлялося мені масою бетону – нескінченні багатоповерхівки, модерністсько-космічні архітектурні вигадки, гігантські радянські пам'ятники героям праці та комунізму. Уявлення ці, сформовані здалеку, виявились якщо не цілком помилковими, то принаймні обмеженими. Тепер мене дратує, що ця сірість – перше і чи не єдине, що спадає на думку тим, хто лише уявляє собі Київ, місто, символ якого – листок каштана – запрошує знайти зелень серед сірості.

***

Червень 2021-го. Минулий рік. Інший світ. Ми пливемо Дніпром, на палубі – показ мод від Михайла Коптєва, провідного дизайнера треш-стилю.[2] Коптєв переїхав до Києва з Луганська після російського вторгнення в Україну в 2014-му. Ми дивимося ліворуч повз фігуру майже оголеної моделі на вкритий зеленню пагорб Національного ботанічного саду імені Гришка. Праворуч, оминаючи, наскільки можливо, поглядом зелений листок, що його прозорим скотчем приклеєно до паху іншої моделі (модель спотикається), ми бачимо Гідропарк, один із кількох лісистих островів на Дніпрі, що розділяє правий і лівий береги Києва. Мої друзі Грант і Г'юго, що регулярно приїздять із Берліна, здивовані зеленню Києва – аспектом міста, який, здається, губиться в перекладі.

---

1 Есе було вперше опубліковано в *Українській правді* 23 вересня 2022, https://life.pravda.com.ua/society/2022/09/23/250561/.

2 Denis Boyarinov, '"I want to live in style": the gay provocateur defying rebels in eastern Ukraine', *The Guardian*, 30 November, https://www.theguardian.com/world/2015/nov/30/luhansk-gay-provocateur-ukraine-mikhail-koptev.

Ще з радянських часів довідники неодмінно визначали Київ як «зелене місто», але для багатьох іноземців це стає новиною.

Якось увечері ми з другом Дмитром Чепурним вирушили на прогулянку. Дмитро, дослідник і куратор із Луганська, чий родинний дім окуповано з 2014 року, живе в Києві 11 років і добре знайомий з усіма закутками міста.

– То що таке ці київські хащі? – спитав я, ніколи раніше не чувши цього терміну.

– Це такі зелені зони навколо міста, – відповів він, – і вони сповнені політичного потенціалу.

Київські хащі, як підказує назва, – це щільні ділянки густої зелені, які займають околиці міста, схожі на берлінські «brachen».[3] Часто лімінальні простори розтягнуті між містом і селом, природою і суспільством, вони стали місцем зустрічі для маргіналізованих груп і практик, а також притулком для загрожених видів флори і фауни. Прогулянки вихідного дня з Дмитром та його компанією художників, фотографів і дослідників дали мені змогу звести власне близьке знайомство з київськими хащами, провести час із багатьма більш-ніж-людськими спільнотами, які вважають ці хащі своїм домом.

Хащі екологічні

Одного разу, не в змозі подолати ефект кофеїну, на який я поклався, дописуючи вдосвіта розділ дисертації, я дійшов із Подолу, історичного центру Києва, до озера Вирлиця. Вийшов о п'ятій ранку, коли сонце ще не випарило з повітря росистої мряки. Над рікою, до якої я вирушив, у ранішньому спокої було чути писк комарів.

Перетнувши Дніпро через міст Патона, я вийшов на лівий берег і, спантеличений, блукав іще кілька годин. Ходив спальними районами, жителі яких невтомно модифікують, здавалося б, одноманітні фасади багатоповерхівок із неабиякою архітектурною вигадливістю. Зрештою я дійшов до

---

3   Див. Matthew Gandy, Natura Urbana: Ecological Constellations in Urban Space (Minneapolis: University of Minnesota Press, 2022).

кінця бетонних джунглів, перетнув автомагістраль і опинився перед величезним водним простором. Це був мій непередбачений пункт призначення. Я дізнався його назву лише згодом.

«Київ – це бетонна пустеля, – стверджує київська активістка Анастасія Гмирянська, яка очолює кампанію із захисту озера Вирлиця від забудови. – Птахам важко подолати його, не виснаживши сили».[4] Дніпро становить екологічний коридор глобального значення, яким мігрують на південь численні види птахів зі Скандинавії та півночі росії. Озеро, на яке я натрапив, дрейфуючи містом того ранку, виявилося однією з небагатьох міграційних зупинок, де пернаті мандрівники можуть дати відпочити своїм утомленим крилам.

Гмирянська розповідає, що Вирлиця також важлива для гніздування птахів і є місцем відпочинку для рідкісних перелітних видів. Тут щороку формується найбільша в Києві колонія мартина звичайного та зареєстровано близько 60 видів птахів, які охороняються Боннською та Бернською конвенціями. З 2016 по 2021 рік орнітологиня Наталія Атамась зафіксувала на озері присутність пірникози червоношийої, крячка малого, сапсана, грицика великого тощо.

***

Різноманітність природних середовищ у Києві, особливо на берегах Дніпра, вражає. Наприклад, на Осокорках описано шість різних біотопів, включаючи водосховища, заплави, болота, чагарники та ліси. Тут мешкають 170 видів птахів, а також кілька видів, занесених до Червоної книги України, як-от бабка імператорська та тритон гребінчастий. За словами еколога Олексія Василюка, інші території, як-от Жуків острів і Конча-Заспа, дають змогу зазирнути в минуле, «показуючи, який вигляд мали береги Дніпра до антропогенного втручання».

---

4   Анастасія Гмирянська, «Остання Настина відрада», http://magazine-medialabfem.org/nastina_vidrada.

Але не всі київські хащі нагадують «незаймані» чи «недоторкані» природні середовища (не те щоб поняття «незаймані» чи «недоторкані» мали практичне значення в сучасну епоху екологічної свідомості). Після деіндустріалізації 1990-х років острівці дикої природи спонтанно виникли на покинутих недобудованих або частково забудованих ділянках. Однак після економічного підйому 2000-х хащі опинилися під загрозою комерційної та житлової забудови – сфер, які досі просякнуті корупцією по всій Україні. Забудовники часто вважають пустирями київські хащі, так само як і інші маргінальні, здавалося б, занедбані чи невикористовувані міські простори. Але в цих просторах немає нічого марнотратного. Насправді слово «пустир» зручне винятково для пожадливих забудовників, які бачать у хащах лише упущені можливості для наживи.

Захищені хащі

Зелені простори Києва захищені низкою національних і муніципальних законів, але ці закони є обмеженими й рідко виконуються, тоді як «відповідальність за порушення правил» відсутня.[5] Багатьох київських хащів просто немає на карті, що робить їх «особливо вразливими», за словами Насті Кузьменко та Ярослави Ковальчук, редакторів «Києва Зеленого», найважливішого туристичного путівника по міській природі Києва.

Попри недосконалу правову систему та вкорінену корупцію, спроби забудувати київські хащі та зелені зони зустрічають сильний спротив з боку рішучої спільноти київських активістів. «Заказник Горбачиха», наприклад, є громадою, яка об'єдналася з метою охорони урочища Горбачиха на лівому березі Дніпра, що є частиною Дніпровського екологічного коридору та місцем проживання

5　Ihor Lishchynskyy, Mariia Lyzun, Evangelos Siskos, Yevhen Savelyev, and Vitalina Kuryliak, 'Urban Green Space: Comparing the EU and Ukrainian Practice' in SHS Web of Conferences, 2021: 100, 1–7, https://doi.org/10.1051/shsco nf/202110005007.

безлічі загрожених видів флори та фауни, включно з євразійським бобром і євразійською видрою. Екологічні групи регулярно співпрацюють із культурними об'єднаннями, наприклад, спільнота саунд-артистів і музикантів «Біоритм» спільно із «Заказником Горбачиха» створили звуковий ландшафт, щоб уберегти цю територію від забудови.

З 2001 по 2014 роки тільки в Києві діяло понад 300 груп активістів, що захищали зелені зони. За словами Василюка, це часто були місцеві групи, здебільшого неорганізовані, яких «переважно турбувала перспектива отримати нове бетонне чудовисько за вікнами спалень». Проте з часом активісти професіоналізувалися і сформували більші, потужніші групи, які розуміються на юридичних питаннях і на тому, як спілкуватися із законодавцями та міською владою.

***

Протасів яр – це зелена зона в центрі Києва, що поєднує лижний комплекс і міський лісистий яр. Місцеві жителі віддано захищають його від забудови вже близько 18 років. Найпомітнішим захисником ділянки був Роман Ратушний. Він народився і виріс у Києві та став впливовим активістом ще у шістнадцятирічному віці під час Революції Гідності, а потім – і ключовою особою «Маршу за Київ», який об'єднав 40 екологічних, освітніх і урбаністичних організацій, що вимагали кращого, справедливішого Києва.

Після того, як у 2019 році міська влада продала дозвіл на забудову улюбленого місця його дитинства, Ратушний заснував НКО «Захистимо Протасів Яр». Юрист за освітою, він уособлював нове покоління українських активістів, які були цілком здатні захистити себе в суді, вільно володіли мовою переговорів із владою і рішуче протистояли всім формам корупції. У 2021 році Протасів яр було оголошено зеленою зоною, де була заборонена будь-яка забудова. Кампанія Ратушного перемогла.

9 червня 2022 року Ратушний загинув неподалік від Ізюма, захищаючи Україну від російського вторгнення. Йому було 24

роки. Його смерть сколихнула українську активістську спільноту. Кияни масово вийшли оплакувати його смерть.

Спадщина Ратушного виходить далеко за межі Протасового яру. Справа, якій він присвятив життя, надихає інших будувати справедливішу, демократичнішу та вільну Україну. Забезпечивши майбутнє Протасового яру, він подбав про те, щоб кияни могли розвідувати історичні зелені зони свого міста й насолоджуватися ними.

Хащі контркультурні

Найкращий спосіб освоїти місто – це «dérive», від французького «дрейфувати», тобто блукати пішки. Уперше приїхавши в Берлін, я двічі поспіль пропустив потрібний U-Bahn і був змушений відмовитися від всіх планів на день. Роздратований, я навмання проліз через дірку в огорожі. Опинившись у невеликому гаю, пройшов повз зручні на вигляд, але вщент промочені дощем дивани й раптом, відверто кажучи, запанікував, чи не увірвався я на територію аеропорту (таки увірвався – пізніше з'ясувалося, що це був Темпельхоф). Так само випадково я знайшов і Хащі в Києві.

Слово «хащі» взагалі означає непрохідні зарості, але зокрема стало назвою однієї конкретної ділянки. Заховані в лісистому районі серед комплексу гаражів, Хащі – це самоорганізований громадський простір у центрі Києва, який виник приблизно 2014 року. Хащі розкинулися посеред закинутої вулиці XIX століття, яку поглинула природа. Ліс забезпечує приватність спільноти, що гуртується довкола Хащів. Ба більше, Хащі розташовані серед крутих пагорбів, де існує постійний ризик зсувів, що позбавляє місцину привабливості в очах забудовників. Щоб туди потрапити, потрібно «трохи потренуватися», як каже київський режисер і публіцист Олексій Радинський.

Радинський, який буває у Хащах останні вісім років, описує цей простір як «місце зустрічі багатьох субкультур». Документальний фільм Радинського «Зсув» 2016 року зображує деякі з цих субкультур – тусовки навколо Коптєва, чиї покази мод у стилі треш були регулярним хітом у Хащах, та Вови Воротньова, сучасного художника, який є ключовим представником київської контркультурної сцени. Воротньов – один з основних членів ETC (що розшифровується по-різному, зокрема як «зітри місто» (erase the city) та «насолоджуйся містом» (enjoy the city)). Радинський описує їх як «постгрупу або метагрупу художників графіті». Група влаштовує майстер-класи з графіті та час від часу відкриває в Хащах невеликий магазин обладнання, принаймні, робила це до повномасштабного вторгнення.

Культура, так само як природа, постає в Хащах спонтанно, без особливого плану чи програми заходів. «Хащі – це місце безпеки, – каже Дмитро, – прихисток для людей, що уникають загальноприйнятих міських практик». За вісім років членства в громаді Радинський не пригадує жодного випадку насильства. Але час від часу відбуваються сутички з гаражним кооперативом, який принципово не погоджується з існуванням Хащів, а також рейди поліції, зображені в «Зсуві». З цієї причини Радинський описує Хащі як «схованку, радше ніж громадський простір».

Однак під час війни використання цього простору, як і інших заростей, змінилося. Радинський майже не буває в Хащах – він працює як документаліст по всій Київщині. Комендантська година не дозволяє іншим збиратися по вечорах.

Хащі майбутнього

Для Дмитра хащі – це «непідконтрольні зони, якими ніхто не володіє»; вони – «в тріщинах між неоліберальним простором, сконструйованим в епоху незалежності України, і її радянською спадщиною». Їхній складний правовий статус, часто фактично відсутній, означає, що вони постійно перебувають у підвішеному стані, а місцева влада вдає, що їх не існує.

А втім, очевидно, що людські та інші природні спільноти взаємозалежні у хащах. У міру того, як Київ, подібно до інших міст світу, починає відчувати ефекти глобального потепління, хащі відіграють важливу роль у регулюванні температури повітря – вони відфільтровують пил, підтримують вологість і поглинають вуглекислий газ. Це ключові фактори для майбутньої стійкості Києва у світі, який стає все теплішим і химернішим, особливо тому, що Київ залишається найбільш забрудненою столицею світу.[6] Гмирянська називає хащі «легенями міста», а озеро Вирлиця – «кондиціонером Києва».[7]

Тим часом 24 лютого 2022 року майбутнє київських хащів стало ще більш непевним. Сьогодні, коли люди змушені тікати від російських загарбників у прифронтових районах України, в українських містах, ймовірно, зростатиме будівництво осель для переміщених осіб. Із 2014 року багато членів української активістської спільноти, таких як Ратушний, загинули, борючись із російськими загарбниками на сході, або стали жертвами цілеспрямованої російської агресії. Активістські громади призупинили численні проєкти й були змушені переорієнтуватися на підтримку української армії та людей, що зазнали поранень або вимушені були переселитися через війну.

По всій Київській області хащі, що були місцем прихистку та відпочинку, тепер є замінованими зонами, що їх по собі лишили російські загарбники під час відступу.[8] Частішають повідомлення про випадки загибелі або травмування диких тварин. Хоча росіяни й покинули київські ліси, їхня присутність невідворотно змінила природне середовище і ставлення людей до цих просторів.

Але війна має й несподівані наслідки. Василюк розповідає, що вчені, які не можуть виїжджати на віддалені місця для

6   'Kyiv still tops Air Quality Ranking as most polluted city', Kyiv Post, 19 April 2021, https://www.kyivpost.com/ukraine-politics/unian-kyiv-still-tops-air-q uality-ranking-as-most-polluted-city.html.

7   Олена Панченко, «Природа чи будмайданчик. Яке воно, озеро Вирлиця, що хочуть засипати піском», The Village, 21 вересня 2021, https://www.the-village.com.ua/village/city/cityplace/315925-zahist-virlitsi-vid-zabudovi.

8   Daria Tsymbalyuk, 'What Does It Mean to Study Environments in Ukraine Now?' Environment and Society: 12, 2022, https://www.environmentandsocie ty.org/arcadia/what-does-it-mean-study-environments-ukraine-now.

досліджень за кордоном і в межах України, взялися за вивчення місцевої екології. Василюк заохочує своїх київських колег публікувати нові знахідки, сподіваючись, що вони допоможуть захистити київські хащі в майбутньому.

Під час відбудови українських міст, зруйнованих війною, стоятиме нове завдання: розглядати зелене і сіре не як взаємозаперечні, а радше як компліментарні та нероздільні елементи містопростору. Нам є чому повчитися у київських хащів.

***

Розмірковуючи про те, як війна змінила його ставлення до хащів, Дмитро Чепурний заглибився в роздуми про будинок його сім'ї у Луганську, що перебуває під російською окупацією з 2014 року.

«Мені цікаво, який вигляд він має зараз, як його протягом років повільно змінювала природа та інші мешканці, які прийшли до нашого порожнього будинку. Сусіди, що доглядають за домом, показали кілька фотографій 2017 року. Видно, як дикий виноград і дерева захопили наш двір. Це процес… не руйнування, а рекультивації. Важливо дати природі шанс створити щось із того порожнього простору. Я хотів би дослідити все це: комах і тварин, нові види істот, які там замешкали. Намагаюся уявити момент після деокупації, коли повернуся до місць свого дитинства і побачу ці нові хащі, сподіваюся, в зелену пору, навесні чи влітку. Коли це стане можливо, після нашої перемоги, ми разом побуваємо в тих нових хащах».

Звідки ви знаєте?[1]

Олена Козар

– Пограємо в слова? Я почну. Війна. Тобі на «а».

Кожне слово супроводжується маленькою хмаринкою пари. На паркінгу, де ми сидимо, загорнувшись у зимові куртки та ковдри, холод заповзає під шкіру. Тут пахне вологим цементом і шинами. По кутах гуляє вітер, десь гавкає пес. Його гавкіт відлунює від товстих стін і будить інших собак.

Паркінг – це наше бомбосховище. Три підземні поверхи, а радше лабіринти. Я спускалася сюди не раз, але все одно не можу вивчити всі шляхи. Якийсь час орієнтувалася по білій автівці, але її власник вирішив поїхати з Києва, адже російські війська впритул наблизилися до столиці. Те саме сталося з червоною автівкою, моїм другим орієнтиром. Паркінг порожніє, і я все частіше розгублено стою на роздоріжжі.

Ще тиждень тому я сподівалася, що мені не доведеться ховатися в укритті, хоча все вказувало на протилежне. Восени 2021 року росія почала накопичувати війська вздовж кордонів з Україною. Тоді ж у медіа заговорили про нове вторгнення, кривавіше за попереднє. Я не вірила, що почнеться велика війна, але чекала на неї. Ми всі чекали. Утім, дозволяли собі сподіватися, чи то сумніватися, до останнього. Продовжували жити звичайним життям, готувати вечері й планувати поїздки, але кожний день починався та закінчувався новими тривожними прогнозами. «Війна прийшла до нас уже з нашим чеканням на її початок», – описувала Славенка Дракуліч дні напередодні початку хорватської війни за незалежність. Це чекання було нестерпним. Щодня експерти й журналісти «розкривали» нові плани кремля. Щотижня з'являлась чергова дата російського наступу. «Звідки вони можуть це знати?» – казали ми одне одному й мимоволі дивилися на календар.

---

1   Есе вперше опубліковано в *Еспресо* 6 жовтня 2022, https://espreso.tv/olena -kozar-zvidki-vi-znaete.

У лютому вулиці Києва повнилися чутками та свіжими вказівниками «укриття». Міська адміністрація наполегливо радила нам дізнатися, де найближче бомбосховище. Ми вдавали безтурботність, але вивчали мапи. Сидячи ввечері у теплій освітленій кухні, я дізналася, що найближчі до мене укриття – це підземний перехід, підвал і паркінг. Із цих трьох паркінг здавався найнадійнішим. Його бетонні стіни та сховані глибоко під землею поверхи мали б захистити мене від бомб. Від цієї думки щоразу пробирали дрижаки, ніби я вже опинилась у крижаному підземеллі. Бомби ще не полетіли, але я ховалась від них у своїй уяві.

Уранці 24 лютого ймовірність стала дійсністю. Я почула перші завивання сирен, перші глухі удари, що лунали все ближче. Нова війна, в яку я не вірила, але на яку чекала, почалася. Оговтавшись від першого шоку, ми спустилися в паркінг і застигли там, розгублені.

Пам'ятаю, якими химерними мені здавались перші години в укритті. Паркінги створені для того, щоб лишати автівки та йти далі у справах. Ніхто при здоровому глузді не стане сидіти там цілий день, а тим паче – ночувати. Розстелити ковдру на холодному бетоні означало остаточно визнати, що війна дісталася Києва. Але врешті втома перемогла. Я принесла спальний мішок. Сусіди зробили те саме.

Тепер паркінг не впізнати. Там, де раніше були автівки, розкинулися острівці матраців, ковдр і подушок. Люди загортаються у три шари одежин і дивляться новини. Хтось їсть бутерброд, хтось напружено прислухається до вибухів. Усі відчайдушно прагнуть знати, що буде далі. З-за рогу до нас дріботить сусідка. Вона увесь час зберігає бадьорий і навіть піднесений настрій (за кілька днів вона так само бадьоро поїде з міста, бо «нерви не витримують»):

– Хочете? – протягує нам пляшку, – вишнева наливочка.

Ми ніяково киваємо. Вона дістає пластикові стакани, пригощає нас, усміхається й продовжує свій обхід паркінгу – вона тут усіх знає. А ми повертаємось до нашої гри в слова. Граємо вже пів години, намагаючись відволіктись від важких думок, але вони не відпускають:

– Атлас – сир – ракета – авіаудар…

Моя черга. Треба сказати слово на «р», але мозок заклинило на авіаударі. Повисає тиша, ніхто не рветься продовжити гру. Зрештою всі дістаємо телефони, пів години без новин і так вже багато.

«Перебувайте в укриттях, сьогодні на Київ полетить усе, що тільки можна», – такі новини ми читаємо зранку. Власне, це важко назвати новинами. Це уривки думок, мішанина з фотографій і повідомлень у телеграм-каналах, а частіше – інформаційні атаки, до яких ми ще не встигли звикнути. У когось є знайомі в ЗСУ, хтось комусь сказав, хтось бачив допис високопосадовця у твіттері. Інформація стовідсоткова – сьогодні Київ зітруть з поверхні землі. «Звідки вони можуть це знати?» – думаю я. Але нудотна, неугавна хвиля сумніву вже накочується на втомлений розум, а раптом це правда? Я відчуваю, як на живіт лягає холодна вага, ноги починають німіти. Застиглий паркінг тут ні до чого, заціпеніння захоплює зсередини. Сьогодні Київ бомбитимуть, очікуйте.

На екрані телефону починають спалахувати повідомлення. Друзі й знайомі теж прочитали новини й поспішають сповістити мене, що справи кепські. Моє оніміння перетворюється на злість. Хіба я не читала тих самих новин? «Вони просто хвилюються за тебе», – дорікаю я собі. Але кожне їхнє повідомлення робить загрозу реальнішою.

«Кажуть, що сьогодні Київ бомбитимуть», – пише мені чергова знайома.

«Звідки ти знаєш?» – у відчаї питаю я.

Ці перші гарячкові дні повномасштабного вторгнення наповнені інформацією до краю. Ми читаємо все, що впаде в очі, сумніваємося в усьому, читаємо знову. Здавалося б, що більше інформації, то вищі шанси відшукати в ній правду. Насправді ж це означає більше пліток, страхів і надій, більше оманливих теорій, у які ми провалюємось, як у кролячу нору. Все це – суцільна гра в слова. З якої літери починається правда? Де закінчується брехня? І що чекає на нас усіх у кінці цієї гри?

«Із перевірених джерел нам стало відомо про можливий ракетний обстріл сьогодні вночі». Я затамовую подих на декілька секунд, а потім починаю вмовляти себе дихати. «Це ж іще не точно». Вдих-видих. «Скільки таких новин уже було, а нічого не сталося». Вдих – видих. «Якщо ці джерела перевірені, то чому не кажуть, які». Вдих – видих. Посеред думок, прогнозів і сумнівів я вже не знаю, чи прагну правди, чи заспокоєння. Сидячи в укритті під землею, мені хочеться, щоб хтось узяв мене за руку й повів до чогось непохитного, безсумнівного. Сказав: «Усе буде добре, я точно знаю», – і я більше б не питала, звідки…

Саме так люди починають вірити у маячню з телевізора, правда? Раптом з'являється впевнений голос, він розсікає невідомість, і стає легше примиритись із життям. Хтось сказав, що не ми почали цю війну. Хтось сказав, що ми захищаємо своїх. Увесь світ проти нас, але ми з тобою по обидва боки екрана все розуміємо. Більше не сумнівайся. З нами правда, з нами Бог. І ось ти вже опиняєшся у своєму власному герметичному паркінгу, оточеному товстими стінами брехні. Ілюзія знання вкорінюється, й зробити крок у хитку непевність стає дедалі складніше.

«Усі кажуть, що сьогодні Київ бомбитимуть. Як ви там? Що чутно?» – питають мене знайомі, які поїхали з міста. «Чутно, як гавкає собака на паркінгу, – думаю я. – На цьому поки що все». Ми опинились в епіцентрі шторму – від Китаю до Штатів усі говорять про Україну. Але іронія в тому, що ми, головні герої новин, геть не знаємо, що відбувається, і прагнемо того знання, як спасіння. Наш підземний паркінг-лабіринт так само міг би бути підводним. Над нами скаженіють хвилі, але хто скаже, чи несуть вони нас на скелі, чи на берег? Якби ж хтось Усезнаючий вийшов із-за рогу й розповів, що коїться там, нагорі. Та раптом ми так звикли сумніватися у всьому, що не повірили б і Йому? Подивилися б утомлено й гірко спитали: «Звідки Ти знаєш?».

Повз нас поспіхом проходять сусіди з валізами. Матеріальне неважливе, так усі кажуть, але їхні валізи ледь зачиняються, розпухлі від речей. Я їх розумію. Сама маю таку саму розпухлу валізу нагорі.

– Ви що, лишаєтесь? – питають вони. На їхніх обличчях – ледь прихований страх. Вони теж читали новини. «Київ сьогодні…».

– Так, – киваємо, – ми поки що тут.

– Щасти вам, – кидають вони із нервовим смішком і поспішають далі. Скоріше, скоріше, на захід. Можливо, мають рідних десь там, які готові їх прихистити. Можливо, їдуть до першої-ліпшої заправки, де куплять каву й холодний хот-дог, подивляться одне на одного й спитають: «Куди далі?». У ці дні постійного страху місце призначення більше не має сенсу – головним стає напрямок. Туди, на захід, подалі від війни.

Ми мовчки слухаємо, як стихає гуркіт їхніх валіз. Він схожий на гул винищувачів над нашими головами – винищує крихти надії. А раптом вони щось знають? А раптом ми марнуємо свій шанс на втечу? Кожний квапливий від'їзд, кожний гуркіт валіз, що проноситься вулицею, віщує наближення ворожої армії. Наче пов'язані посудини – що ближче російські війська підходять до міста, то швидше з нього витікає життя. Мені хочеться наздогнати їх, зупинити й спитати: «Чому ви їдете? Звідки ви знаєте, що вже час?». Хоча, можливо, мені просто хочеться благати: «Будь ласка, лишіться!».

– Піду пройдуся, – кажу я тихо. Від довгого, напруженого сидіння затерпли м'язи, шкіра почала свербіти під двома светрами. Я знаю, що виходити на вулицю небезпечно, але гумове повітря паркінгу нестерпно стискає горло. Я підхожу до дверей, вдихаю лютневий вітер. Київ ще ніколи не був таким темним і мовчазним – не світиться жодне вікно, не риплять тролейбуси. Місто принишкло, чекає на удар.

«Як ти?» – з'являється на екрані повідомлення від моєї подруги. Вона – чи не єдина з усіх знайомих, хто лишається в місті. Щоразу говорячи з нею, мені страшно почути, що й вона, врешті, вирішила поїхати.

«Тримаюся, – пишу я у відповідь. – А ти як?»

«Я в Києві, – відповідає вона на моє невимовлене питання. – Ти ж теж тут?»

«Та тут, де ж мені бути! Скоро підемо на каву», – намагаюся пожартувати я й мало не плачу від полегшення. Моє тихе поранене місто ще не зовсім спорожніло. За темними вікнами лишаються люди – слухають новини, сумніваються в усьому, але не втрачають віри.

Я повертаюся, загортаюсь у ковдру й знову беру в руки телефон. Треба економити заряд, але я продовжую читати новини. На сусідній лаві двоє чоловіків про щось тихо говорять. Мимоволі починаю прислухатися. Що вони знають? І звідки? Я більше не питаю себе, правда це чи ні. Питаю, чи зможу я це витримати. «Сьогодні Київ бомбитимуть», «сьогодні Київ братимуть у кільце», «сьогодні ще є, а завтра вже не буде». Скільки цих можливих сценаріїв я подужаю? Чи стане мені сил спокійно чекати, справдиться це нове, передбачене кимось майбутнє, а чи виявиться брехнею?

Нас учать мислити критично, приймати поінформовані рішення. У хаосі перших днів повномасштабного вторгнення я почала сумніватися, чи це взагалі можливо. Ми розгублені, налякані. Ми нічого не знаємо. Іноді мені здається, що з усіх джерел я можу покладатися лише на власні вуха, але й вони не завжди чують правду. Натомість чують вибухи. «Приліт», – тихо кажемо ми одне одному. «Приліт», – відлунюють усі канали новин. Це наші? Їхні? Збили? Влучили? Єдині удари, в яких я не сумніваюся, – це биття мого серця. Можливо, цього поки що досить.

– То що, граємо далі? На якій літері ми зупинилися, «р»? – прикушую на язиці слово «розпач». – Риба. Тобі знову на «а».

По який бік?[1]
Фібі Пейдж

Переклад *Ніни Мюррей*

Ніби вражена блискавкою, обпалена кора розщеплюється, скручується і вигинається химерними, неприродними формами. На неї страшно дивитись. Я підозрюю, що скульптор цього і прагнув.

«Цю річ я зробив для України», – каже мені Пітер. Щоліта цей учитель мистецтва на пенсії влаштовує виставку своїх робіт. Цього року зароблені кошти підуть до місцевої благодійної організації, яка опікується біженцями.

Кімната захаращена картинами, постерами та особистими речами Пітера. Жоден клаптик стіни чи підлоги не залишився порожнім. Ми стоїмо пліч-о-пліч, розглядаючи його останню роботу. Позаду скульптури «для України» висить малюнок пером – тонкий нарис голуба огортає виразний символ, знайомий і далекий водночас, символ сидячих протестів і маршів, що відбувалися задовго до мого народження. Я вдивляюся у знак миру. Ніколи раніше не помічала його тройстої форми. Тепер я бачу тризуб, перевернутий і взятий у коло.

Пітер відстежує мій погляд. Посміхається. «Як можеш здогадатись, я такий собі пацифіст».

Обертаюся до нього. «Тобто ви проти того, щоб Україні було надано зброю?»

Пітер далі посміхається, але не відповідає.

***

«Тут не заведено говорити про війну. Щойно чують, звідки я, люди якось відсторонюються. Будь-яка розмова одразу обривається».

Саша дивиться собі на коліна. Крихітна вебкамера стискає простір між її обличчям і ноутбуком, скорочуючи цей останній відрізок відстані між нами.

---

1 Есе було вперше опубліковано в *Еспресо* 6 жовтня 2022, https://www.open democracy.net/en/odr/ukraine-russia-disinformation/.

«Іноді я відчуваю сили й мотивацію, щоб продовжувати говорити про війну. В інші дні мені здається, що мій голос нічого не вартий. Я продовжую кричати, але ніхто не слухає. Наші союзники надсилають нам обмежені постачання зброї. Рівно стільки, щоб ми могли дати відсіч ворогові. Але недостатньо, щоб повернути наші території. А заклики до України віддати частину своєї території... це руйнує все, у що я вірю».

Ми говоримо за кілька днів після того, як черговий «експерт» опублікував статтю із саме такою пропозицією. У західних ЗМІ циркулюють десятки схожих постулатів, які наївно стверджують, що постачання зброї в Україну затягне війну.

«У країні, де я зараз живу, уряд дуже голосно виступає щодо кожної дрібниці щоденного комфорту громадян. Вони не розуміють, що у нас в Україні було таке саме щасливе життя до повномасштабного вторгнення. Вони й гадки не мають, яким крихким є їхній комфорт».

***

На виставці відвідувачі смакують вино й говорять про те, як чудово, що мистецтво може послужити такій благій меті. У них вигляд людей, які почуваються надзвичайно комфортно.

Раніше я ходила сюди на щотижневі заняття до Пітера. Усе ще чую його «вчительський» голос: він виголошував авторитетні настанови коротко і хвацько, походжаючи від одного мольберта до іншого.

«Насолоджуйтеся неоднозначністю», – було однією з його улюблених настанов. «Чорного кольору не буває, бувають лише різні градації тіні». Як і більшість учителів мистецтва, Пітер забороняв своїм учням змішувати кольори з чорним. Нам нескінченно роз'яснювали тонкощі ефектів світла й темряви, як розтерти вугілля для створення ідеально градуйованої тіні.

Пітер учив нас «користатися негативним простором» – простором навколо та поміж об'єктів зображення. Улюбленим прикладом, який Пітер наводив новим студентам, була ваза Рубіна – оптична ілюзія, в якій вигини вази можна побачити як контури чола, носа та рота, так що ціле зображення перетворюється на два профілі, що витріщаються один на одного.

«Негативний простір, – вів далі Пітер, – визначається виключно через його відношення до предмета, який він оточує. Він не має власних визначальних рис, але око запрошує розум заповнити порожнечу».

* **

«Я вже втомилася виправляти колег, що вживають слово "конфлікт"», – каже Саша. І вигляд вона має утомлений. Дивиться додолу. Зморшки навколо очей, прописані інстинктивним бажанням посміхатися в будь-якій ситуації, підтоплені болісною синявою, кольору тривоги та виснаження.

«Мені набридло слухати всі ці їхні теорії. США те, НАТО це. Не все залежить від їхніх академічних дебатів. Ми боремося за своє існування. Український прапор на аватарці не дає права верзти всілякі нісенітниці».

Щось нове спадає Саші на думку, і вона посміхається.

«Ти бачила той твіт? Той, що запитує, чи ми всі усвідомлюємо, "як усе кепсько в Німеччині"?»

Я пригадую цей пост, поширений і висміяний багатьма.

«Звісно, я розумію, що люди стурбовані зростанням цін і перебоями у постачанні енергоносіїв. Але скаржитися на те, як важко жити в Німеччині, а потім говорити, що це все через те, що відбувається "в Україні" – хеллоу! Ми не просили, щоб нас почали вбивати! У нас також усе "кепсько". Смішно, наскільки людям бракує саморефлексії».

Ми жартуємо про «Westsplaining» – про експертів і вчених, які поблажливо роз'яснюють ситуацію у Східній Європі. У Саші заразливий сміх, ідеальна протиотрута від усього лайна, що забруднює наші стрічки новин. Кажуть, що українці є чи не найбільш «прищепленим» проти дезінформації народом у світі. Я дивуюся гумору, який підсилює Сашин природний імунітет.

* **

Виходжу з виставки разом із Керол. Вона цікавиться, що я думаю про Пітерову скульптуру «для України». Я пригадую нашу коротку розмову. Точніше, пригадую, як Пітер промовчав у відповідь на моє запитання. Різкий дисонанс того моменту вражає мене наново.

Керол на хвилю замислюється, тоді питає:

«А ти була по який бік?»

«Тобто?»

«По який бік від Пітера? Ти ж знаєш – він глухий на ліве вухо».

* * *

Те, що ми обираємо розповісти, не менш важливе, ніж те, що ми пропускаємо. Пітер не відповів на моє запитання, тому що не почув мене. Я не можу знати, чи він проти озброєння України, але з його мовчання я, а з мого переказу й моя аудиторія, зробили висновок, що Пітер насправді проти військової підтримки.

Наративи російської пропаганди створюються з того, що пропущено. Коли пропагандисти посилаються на «референдуми» чи «волю» народу, вони не згадують про фальсифікації голосування, переслідування та жорстоке залякування, які супроводжують так звані референдуми. У той час як дискусії про культуру та історію всіяні такими прикметниками, як «спільний» і «братський», таких формулювань, як «насильство», «культурні репресії» та «примусова асиміляція» ніде не видно. Ці лакуни підтверджують вислів історика Рональда Сані про те, що першою жертвою війни є не лише правда, але й «усе, що залишилося поза увагою».

У фальшивих наративах про історичну «єдність» росіян і українців стираються визначальні деталі та панує негативний простір. «Об'єкти» малюються відносно «суб'єкта». Пригноблений визначається своїм ставленням до гнобителя, але цей ключовий контекст навмисно опущено. Глядачам залишається «заповнювати порожнечу» самотужки. Ті, хто не знайомий зі століттями російського колоніального насильства проти України, покладатимуться на власні знання, щоб заповнити ці лакуни. Від реалізму старої школи до радикального пацифізму – вони застосовуватимуть застарілі теорії міжнародних відносин, щоб пояснити російську агресію способами, які мають для них сенс. Або ще гірше – вони купляться на альтернативні версії «історії», які так охоче пропонує кремль.

***

На жаль, цей негативний простір, який є визначальним для російської пропаганди, продовжує впливати на наративи західних медіа. Найбезпосередніше це відбувається на рівні мови.

Слова «конфлікт» чи «війна в Україні» прибирають агресора з поля зору. Роблячи це, вони стирають будь-яке звинувачення чи визнання відповідальності. Наївні гасла на кшталт «Ні війні», як правило, написані російською мовою, перетворюють на зброю пацифістські наративи, які використовує російська пропаганда, щоб стерти різницю між добром і злом, перевизначити цінності та посіяти сумніви в правді. «Ні війні» не вказує, яка це війна, хто є агресором і що з цим можна зробити. Така мова тішиться сірим простором, градуйованим відтінком – навмисною, небезпечною неоднозначністю.

Мова також заплутує питання суб'єктності. Вираз «війна в Україні» прибирає з поля зору агресора, а такі фрази, як «війна за Україну» зводять невиправдані дії Москви до «проксі» війни між росією та зовнішніми акторами. Усі ці виправдання про «розширення» НАТО або «провокації» путіна Заходом наділяють зовнішніх акторів повною мірою суб'єктності, тоді як активне бажання суверенної країни приєднатися до міжнародних альянсів і її право це зробити залишається непочутим. Одні дивляться на оптичну ілюзію Рубіна і бачать вазу як предмет зображення, тоді як інші бачать лише безпредметний негативний простір між двома обличчями. Метафорично кажучи, обличчя, на думку пересічного West-psplainer'a, є справжніми «суб'єктами» зображення, а ваза –

«об'єктом», «буферною зоною» між двома більш значущими гравцями.

Водночас, як би ви не сприйняли оптичну ілюзію Рубіна – бачите ви спершу вазу чи обличчя, або вже стільки вирячуєтесь на той дурний малюнок, що геть забули, що першим впало в око, – ви розглядаєте двомірне зображення ззовні. Той факт, що ви бачите вазу і два обличчя є неодмінним наслідком того, що ви стоїте «поза кадром». Ваше сприйняття зумовлене вашою фізичною позицією.

Найвагомішим «негативним простором», який домінує у фальшивих наративах про Україну, є відсутність українських позицій.

***

Саша тягнеться по напій. У склі на мить заломлюється відображення її нігтів, яскраво нафарбованих синім і жовтим кольором.

«Я б не назвала це позитивом від війни, звісно, але зараз я так багато дізнаюся про Україну, про нашу історію та культуру. Я зрозуміла, якою суб'єктивною може бути історія».

Більшість із нас усвідомлює обмеженість знань. Ми визнаємо, що наше сприйняття опосередковане, обмежене відстанню і формується контекстом. Багато іноземців тепер усвідомлюють необхідність надавати пріоритет українським голосам в обговоренні війни, і з огляду на те, що мільйони українців діляться своїми історіями в соціальних мережах, важко знайти причини цього не робити.

Кремль, з іншого боку, виробляє ці причини безупинно. Шантажуючи уряди газом і зерном, запускаючи ботів, що наповнюють наші новинні стрічки дезінформацією, росія націлюється на наші слабкі місця у відчайдушній спробі розколоти єдність Заходу. А ще кремль радо вітає будь-яку незгоду серед західних лібералів і постійно скаржиться на заклики прислухатися до українців. Він посміхається, коли ліві пацифісти відстоюють невтручання замість захисту свобод, і лютує, коли ті, хто несе тягар такого лицемірства, викривають його внутрішню суперечність: умиротворення (як показує найкоротший екскурс у недавню історію) тільки заохочує ескалацію, але ті, хто його пропонують, рідко опиняються на лінії вогню нової російської агресії. Як слушно вказують журналісти, що ведуть репортажі з-за цієї лінії, пацифізм є привілеєм тих, хто не живе з війною і має змогу вільно визначати власну долю. Нехтуючи визначенням наших позицій, фізичних та інших, ми, спостерігачі, потрапляємо в руки пропагандистів.

Бувають моменти, коли суб'єктивність не потрібна, коли екзистенційну загрозу слід визнати тим, чим вона є, коли зло треба назвати злом, а будь-яку двозначність чи «градуйовану тінь» рішуче відкинути. Поки російська пропаганда намагається заманити нас у приємніше царство невизначеності – «ну ми ж, звичайно, ніяк не могли цього передбачити…?» – ми повинні прийняти незручну правду: ігнорування українських голосів у минулому сприяло тому, щоб ми опинилися там, де є сьогодні. Лише слухаючи та запам'ятовуючи, ми можемо впевнено викривати колоніальну агресію; можемо побачити сутність актів тортур, зґвалтувань і різанини, вчинених росією; ми можемо описати намір знищити певну групу людей словом, яке ніхто не хоче чути.

**

«Моє рідне місто минулого тижня бомбили», – каже Саша. Тоді зупиняється. «Я того дня мала велику подію на роботі. Намагалася не думати про друзів, родичів, саме місто. А тоді якийсь чолов'яга запитав мене, чи правда, що в Україні ще триває війна? Я просто вухам своїм не могла повірити. В той момент я зрозуміла: хочемо цього чи ні, але ми повинні й далі говорити про війну, бо щойно припинимо – все, тієї самої секунди світ залишить нас позаду».

Я згадаю перші сторінки газет останніх кількох місяців: вторгнення – шок; масові вбивства – гнів; воєнні злочини – безпорадність; більше воєнних злочинів – утома; інфляція… – мовчання. «Швидкість, з якою люди звикають до цих заголовків… у мене перехоплює подих», – говорить Саша про людей, які опинилися на окупованих територіях. Слова котяться швидше і швидше.

«Я прийняла маму з донькою із Маріуполя. Найжахливішою річчю, за їхніми словами, були не вибухи, не братські могили й навіть не частини людських тіл, що лежали на дорогах. Найстрашніше було жити без доступу до інформації. Ви в пастці, зв'язок обірвано, жодних новин ззовні. Ви не знаєте, чи живі ваші родичі, чи загинули. Все, що вам залишається, – це сподіватися, що українські війська прорвуться і врятують тих, хто ще живий. Та росіяни розбомбили телефонні лінії й взяли під контроль радіо, тому все, що ви чуєте, – це їхня брехня. І коли вони кажуть: "Ви оточені, ніхто не прийде вас рятувати, у вас немає іншого вибору, окрім як здатися", – дізнатися, правда це чи ні, просто неможливо».

Саша переводить подих. «Це психологічні тортури. Вони позбавляють людей інформації, змушуючи їх підкорятися, чекаючи, поки вони зламаються».

***

У гіперонлайн-світі, звідки більшість із нас віддалено спостерігає за розгортанням війни росії проти України, немає недоступної інформації. Але мати доступ недостатньо. Найважливіше – те, що ми вирішимо робити з цією інформацією.

Читаючи чернетку цього тексту, подруга з Британії запитала: «Що це за слово, яке ніхто не хоче чути?». Виявилося, що я потрапила в пастку власного досвіду, вважаючи, що стрічка твіттеру в інших, як і в мене, заповнена одним словом – геноцид. Хіба подруга не чула про послідовне заперечення кремлем української ідентичності, про фільтраційні табори, у які депортують українців, або про те, що путін відкрито підбурює до знищення українців як народу? «Я слухаю новини, – відповіла вона. – Але це так важко. Іноді я їх вимикаю».

Як і в оптичній ілюзії Рубіна, уся необхідна нам інформація перебуває на видноті, але наше око часто дивиться повз неї. Незалежно від того, чи намагаємося ми розрізнити форми, чи просто вирішуємо їх не бачити, найголовніше витає в невизначеному негативному просторі, що дозволяє нам визнати його наявність, одночасно відволікаючи від нього увагу.

Ці сліпі плями дозволяють нам займати суперечливі позиції і тішитися власною невизначеністю – просити миру, але відмовлятися надати озброєння; називати себе союзниками і відмовлятись почути, що нам говорять.

Розповіді очевидців з України, їхній досвід спонукають нас відмовитися від узвичаєного і поглянути на події з іншого боку. На скульптуру Пітера було важко дивитися, бо Пітер знає, що на страшні речі дивитися страшно. І коли ми перевантажені занадто великою кількістю однакових історій, то вимикаємося. І путін розраховує на це – на втому ЗМІ, на нашу неспроможність чути, а вона набагато потужніша за будь-яку пропаганду. Єдині ліки від проти інформаційних катаракт – не перевірка фактів, а готовність чути.

UKRAINIAN VOICES

Collected by Andreas Umland

21   *Vakhtang Kipiani (Hg.)*
Der Zweite Weltkrieg in der Ukraine
Geschichte und Lebensgeschichten
Aus dem Ukrainischen übersetzt von Margarita Grinko
ISBN 978-3-8382-1622-5

22   *Vakhtang Kipiani (ed.)*
World War II, Uncontrived and Unredacted
Testimonies from Ukraine
Translated from the Ukrainian by Zenia Tompkins and Daisy Gibbons
ISBN 978-3-8382-1621-8

23   *Dmytro Stus*
Vasyl Stus
Life in Creativity
Translated from the Ukrainian by Ludmila Bachurina
ISBN 978-3-8382-1631-7

24   *Vitalii Ogiienko (ed.)*
The Holodomor and the Origins of the Soviet Man
Reading the Testimony of Anastasia Lysyvets
With forewords by Natalka Bilotserkivets and Serhy Yekelchyk
Translated from the Ukrainian by Alla Parkhomenko and
Alexander J. Motyl
ISBN 978-3-8382-1616-4

25   *Vladislav Davidzon*
Jewish-Ukrainian Relations and the Birth of a Political
Nation
Selected Writings 2013-2021
With a foreword by Bernard-Henri Lévy
ISBN 978-3-8382-1509-9

26   *Serhy Yekelchyk*
Writing the Nation
The Ukrainian Historical Profession in Independent Ukraine and
the Diaspora
ISBN 978-3-8382-1695-9

27   *Ildi Eperjesi, Oleksandr Kachura*
Shreds of War
Fates from the Donbas Frontline 2014-2019
With a foreword by Olexiy Haran
ISBN 978-3-8382-1680-5

Book series "Ukrainian Voices"

Sergiy Korsunsky, Kobe Gakuin University, Japan
Nadiia Koval, Kyiv School of Economics, Ukraine
Volodymyr Kravchenko, University of Alberta, Edmonton
Oleksiy Kresin, NAS Koretskiy Institute of State and Law, Kyiv
Anatoliy Kruglashov, Fedkovych National University, Chernivtsi
Andrey Kurkov, PEN Ukraine, Kyiv
Ostap Kushnir, Lazarski University, Warsaw
Taras Kuzio, National University of Kyiv-Mohyla Academy
Serhii Kvit, National University of Kyiv-Mohyla Academy
Yuliya Ladygina, The Pennsylvania State University, USA
Yevhen Mahda, Institute of World Policy, Kyiv
Victoria Malko, California State University, Fresno, USA
Yulia Marushevska, Security and Defense Center (SAND), Kyiv
Myroslav Marynovych, Ukrainian Catholic University, Lviv
Oleksandra Matviichuk, Center for Civil Liberties, Kyiv
Mykhailo Minakov, Kennan Institute, Washington, USA
Anton Moiseienko, The Australian National University, Canberra
Alexander Motyl, Rutgers University-Newark, USA
Vlad Mykhnenko, University of Oxford, United Kingdom
Vitalii Ogiienko, Ukrainian Institute of National Remembrance, Kyiv
Olga Onuch, University of Manchester, United Kingdom
Olesya Ostrovska, Museum "Mystetskyi Arsenal," Kyiv
Anna Osypchuk, National University of Kyiv-Mohyla Academy
Oleksandr Pankieiev, University of Alberta, Edmonton
Oleksiy Panych, Publishing House "Dukh i Litera," Kyiv
Valerii Pekar, Kyiv-Mohyla Business School, Ukraine
Yohanan Petrovsky-Shtern, Northwestern University, Chicago
Serhii Plokhy, Harvard University, Cambridge, USA
Andrii Portnov, Viadrina University, Frankfurt-Oder, Germany
Maryna Rabinovych, Kyiv School of Economics, Ukraine
Valentyna Romanova, Institute of Developing Economies, Tokyo
Natalya Ryabinska, Collegium Civitas, Warsaw, Poland

Darya Tsymbalyk, University of Oxford, United Kingdom
Vsevolod Samokhvalov, University of Liege, Belgium
Orest Semotiuk, Franko National University, Lviv
Viktoriya Sereda, NAS Institute of Ethnology, Lviv
Anton Shekhovtsov, University of Vienna, Austria
Andriy Shevchenko, Media Center Ukraine, Kyiv
Oxana Shevel, Tufts University, Medford, USA
Pavlo Shopin, National Pedagogical Dragomanov University, Kyiv
Karina Shyrokykh, Stockholm University, Sweden
Nadja Simon, freelance interpreter, Cologne, Germany
Olena Snigova, NAS Institute for Economics and Forecasting, Kyiv
Ilona Solohub, Analytical Platform "VoxUkraine," Kyiv
Iryna Solonenko, LibMod - Center for Liberal Modernity, Berlin
Galyna Solovei, National University of Kyiv-Mohyla Academy
Sergiy Stelmakh, NAS Institute of World History, Kyiv
Olena Stiazhkina, NAS Institute of the History of Ukraine, Kyiv
Dmitri Stratievski, Osteuropa Zentrum (OEZB), Berlin
Dmytro Stus, National Taras Shevchenko Museum, Kyiv
Frank Sysyn, University of Toronto, Canada
Olha Tokariuk, Center for European Policy Analysis, Washington
Olena Tregub, Independent Anti-Corruption Commission, Kyiv
Hlib Vyshlinsky, Centre for Economic Strategy, Kyiv
Mychailo Wynnyckyj, National University of Kyiv-Mohyla Academy
Yelyzaveta Yasko, NGO "Yellow Blue Strategy," Kyiv
Serhy Yekelchyk, University of Victoria, Canada
Victor Yushchenko, President of Ukraine 2005-2010, Kyiv
Oleksandr Zaitsev, Ukrainian Catholic University, Lviv
Kateryna Zarembo, National University of Kyiv-Mohyla Academy
Yaroslav Zhalilo, National Institute for Strategic Studies, Kyiv
Sergei Zhuk, Ball State University at Muncie, USA
Alina Zubkovych, Nordic Ukraine Forum, Stockholm
Liudmyla Zubrytska, National University of Kyiv-Mohyla Academy

Friends of the Series

Ana Maria Abulescu, University of Bucharest, Romania
Łukasz Adamski, Centrum Mieroszewskiego, Warsaw
Marieluise Beck, LibMod—Center for Liberal Modernity, Berlin
Marc Berensen, King's College London, United Kingdom
Johannes Bohnen, BOHNEN Public Affairs, Berlin
Karsten Brüggemann, University of Tallinn, Estonia
Ulf Brunnbauer, Leibniz Institute (IOS), Regensburg
Martin Dietze, German-Ukrainian Culture Society, Hamburg
Gergana Dimova, Florida State University, Tallahassee/London
Caroline von Gall, Goethe University, Frankfurt-Main
Zaur Gasimov, Rhenish Friedrich Wilhelm University, Bonn
Armand Gosu, University of Bucharest, Romania
Thomas Grant, University of Cambridge, United Kingdom
Gustav Gressel, European Council on Foreign Relations, Berlin
Rebecca Harms, European Centre for Press & Media Freedom, Leipzig
André Härtel, Stiftung Wissenschaft und Politik, Berlin/Brussels
Marcel Van Herpen, The Cicero Foundation, Maastricht
Richard Herzinger, freelance analyst, Berlin
Mieste Hotopp-Riecke, ICATAT, Magdeburg
Nico Lange, Munich Security Conference, Berlin
Martin Malek, freelance analyst, Vienna
Ingo Mannteufel, Broadcaster "Deutsche Welle," Bonn
Carlo Masala, Bundeswehr University, Munich
Wolfgang Mueller, University of Vienna, Austria
Dietmar Neutatz, Albert Ludwigs University, Freiburg
Torsten Oppelland, Friedrich Schiller University, Jena
Niccolò Pianciola, University of Padua, Italy
Gerald Praschl, German-Ukrainian Forum (DUF), Berlin
Felix Riefer, Think Tank Ideenagentur-Ost, Düsseldorf
Stefan Rohdewald, University of Leipzig, Germany
Sebastian Schäffer, Institute for the Danube Region (IDM), Vienna
Felix Schimansky-Geier, Friedrich Schiller University, Jena
Ulrich Schneckener, University of Osnabrück, Germany

Winfried Schneider-Deters, freelance analyst, Heidelberg/Kyiv
Gerhard Simon, University of Cologne, Germany
Kai Struve, Martin Luther University, Halle/Wittenberg
David Stulik, European Values Center for Security Policy, Prague
Andrzej Szeptycki, University of Warsaw, Poland
Philipp Ther, University of Vienna, Austria
Stefan Troebst, University of Leipzig, Germany

[Please send address requests for changes, corrections, and additions to this list to andreas.umland@stanforalumni.org.]

ibidem.eu